河南警察学院中原警务文库

短视频对大学生社会主义核心价值观认同影响研究

崔维维 著

中国人民公安大学出版社
CPPSUP
全国百佳图书出版单位

图书在版编目（CIP）数据

短视频对大学生社会主义核心价值观认同影响研究/崔维维著．--北京：中国人民公安大学出版社，2025．7．--（河南警察学院中原警务文库）．--ISBN 978-7-5653-4936-2

Ⅰ．G641

中国国家版本馆 CIP 数据核字第 2025L9N382 号

短视频对大学生社会主义核心价值观认同影响研究

崔维维　著

责任编辑：李　娜
装帧设计：张　彦
责任印制：周振东

出版发行：中国人民公安大学出版社
地　　址：北京市西城区木樨地南里
邮政编码：100038
经　　销：新华书店
印　　刷：涿州市新华印刷有限公司

版　　次：2025 年 7 月第 1 版
印　　次：2025 年 7 月第 1 次
印　　张：11.5
开　　本：787 毫米×1092 毫米　1/16
字　　数：206 千字

书　　号：ISBN 978-7-5653-4936-2
定　　价：60.00 元

网　　址：www.cppsup.com.cn　www.porclub.com.cn
电子邮箱：zbs@cppsup.com　zbs@cppsu.edu.cn

营销中心电话：010-83903991
读者服务部电话（门市）：010-83903257
警官读者俱乐部电话（网购、邮购）：010-83901775
公安业务分社电话：010-83901608

总　序

2022年4月25日，习近平总书记在中国人民大学考察时指出，加快构建中国特色哲学社会科学，归根结底是建构中国自主的知识体系。要以中国为观照、以时代为观照，立足实际，解决问题，不断推动中华优秀传统文化创造性转化、创新性发展，不断推进知识创新、理论创新、方法创新，使中国特色哲学社会科学真正屹立于世界学术之林。党的二十大报告提出，要实施科教兴国战略，要把教育、科技、人才工作一体部署推进。

新征程赋予高等院校和广大教科研工作者新的历史使命。公安院校作为教育系统和公安机关的重要组成部分，承担着为党育人、为国育才的时代重任。河南警察学院全面落实党的教育方针，始终坚持政治建警，认真落实立德树人的根本任务，深入推动教育教学改革，“教学练战研”一体化发展，校局合作开展得有声有色，实战化教学水平不断提升。围绕服务公安工作设立了河南公安智库，涌现出一批具有前瞻性和实用性的科研创新成果，高质量的科研创新与高水平的教育教学相辅相成、相互促进。

2023年是全面贯彻落实党的二十大精神的开局之年，中华儿女在以习近平同志为核心的党中央引领下，意气风发踏上全面建设社会主义现代化国家新征程。在向第二个百年奋斗目标进军，全面建成社会主义现代化强国过程中，迫切需要一支“对党忠诚、服务人民、执法公正、纪律严明”的公安队伍。人民公安面临的任务更加艰巨、责任更加重大、使命更加光荣。学院作为公安人才培养的主渠道、在职民警培训的主阵地、警务战略研究的主平台，围绕构建自主知识体系，聚焦适应新时期公安机关警务工作需要，汇聚专门力量，精心编纂了“河南警察学院中原警务文库”系列丛书，旨在为学院教师创造良好的学术空间，为学院教师潜心治学搭建支持平台，奋力打造公安理论研究的学术品牌，不断推动学院科研工作全面深入发展。

丛书以学院高学历、高职称优秀骨干教师为创作主体，以学院各科研团队及省部级以上课题研究成果为基础，集中展现了学院紧贴前沿的科研成果。丛书收录了学院教师在公安学基础理论、警察法治、警务战略、公安思想政治工作、治安学、侦查学、网络安全执法与技术、刑事科学技术、交通工程与安全管理、警务指挥与战术、安全风险管理、河南警务改革理论与实践、县域社会治理创新理论与实践等方面的最新学术研究成果，结构合理、图文并茂、自成体系，体现了理论与实践相结合的特点，积极为公安实践提供智力支持，有较强的理论性、针对性和实用性，对于保障公安机关侦查工作顺利开展、促进公安机关人民警察规范文明执法、提升公安机关人民警察素质能力、推进公安队伍“四化”建设，具有重要意义。

独木不成林，一花难成春。本丛书是学院教师在不断积累警务实战经验，深入钻研公安理论，潜心思考、厚积薄发的基础上，推出的具有前瞻性、实用性的科研成果，真诚希望从事公安理论研究的专家学者、公安实务工作者以及社会各界不吝赐教，共同关心支持这套丛书的出版，共同推动公安理论研究向纵深发展。

是为序。

河南警察学院院长、党委副书记　徐晓慧

2023 年 1 月

目　录

绪 论

一、选题的缘起和意义

党的二十大报告指出："社会主义核心价值观是凝聚人心、汇聚民力的强大力量。弘扬以伟大建党精神为源头的中国共产党人精神谱系，用好红色资源，深入开展社会主义核心价值观宣传教育，深化爱国主义、集体主义、社会主义教育，着力培养担当民族复兴大任的时代新人。"① 伴随人工智能、5G新兴技术的发展，媒介环境、媒介载体发生了很大变化。短视频成为大学生接触社会的重要媒介，同时短视频内容的生产、传播、表达、接收方式都影响着大学生价值观的形成。习近平总书记强调，要"运用网络传播规律，弘扬主旋律，激发正能量，大力培育和践行社会主义核心价值观"②。科学分析短视频对大学生社会主义核心价值观认同的影响因素、现状、原因，系统地构建主要对策具有重要意义。而当前学界对此问题理论研究不够深入，实践上也缺乏有效跟进。

（一）选题的缘起

2006年，党的十六届三中全会提出了"社会主义核心价值体系"。2012年，党的十八大凝练和提出了"社会主义核心价值观""三个倡导"思想。习近平总书记在多次讲话中强调社会主义核心价值观对大学生价值观养成的重要作用，深刻指出"青年的价值取向决定了未来整个社会的价值取向，而青年又处在价值观形成和确立的时期，抓好这一时期的价值观养成十分重要。"③ 短视频改变了信息传播方式和人类交往方式，其动态开放性和复杂多变性成为制约大学生价值观养成不可忽视的因素。

---

① 习近平．高举中国特色社会主义伟大旗帜，为全面建设社会主义现代化国家而团结奋斗——在中国共产党第二十次全国代表大会上的报告［M］．北京：人民出版社，2022：44.

② 习近平．总体布局统筹各方创新发展，努力把我国建设成为网络强国［N］．人民日报，2014-02-28（1）．

③ 习近平谈治国理政（第1卷）［M］．北京：外文出版社，2018：172.

1. 短视频对大学生社会主义核心价值观认同影响研究的必然性

短视频成为大学生接触社会的重要媒介，它以能够满足大学生求新求异的心理需求，成为大学生进行交往的重要载体。调查显示，98.2%的大学生观看短视频，71.4%的大学生每天观看短视频超过1小时。短视频以其短、新、快、热等特性吸引大学生，成为大学生人际交往的重要途径。正因如此，短视频成为开展思想政治教育工作的新载体。

短视频形成的新的育人环境具有双重性：一方面，短视频形成虚拟的育人环境。短视频作为虚拟的交往社区，具有其他网络社区不具备的特色。它不仅降低了拍摄、生成、分享的技术门槛，满足了大学生个性创作的需求，还从技术、内容、形式等多个方面吸引大学生，成为新的社交形式。另一方面，短视频影响现实的育人环境。短视频具备去中心化特征，形成一种新的媒体力量。它不仅形成新的时间、空间特性，建构新的社会形态，还借助符号化、数字化将其特性延伸到现实空间，从而形成多元化、多节点、开放的育人环境。

短视频成为影响大学生社会主义核心价值观认同的重要变量，它从认知、态度、情感、行为等多个层面影响大学生对社会主义核心价值观的认同。首先，短视频信息传播门槛低，网民可以随时随地发布短视频。短视频空间各种杂糅、良莠不齐的信息影响大学生的认知。其次，短视频具有多元互动性，成为畅通大学生用户交流、发表意见的渠道，影响大学生对事实的评价和态度的形成。再次，短视频与文字报道的区别在于，短视频可以通过多种视听元素的组合在最短时间内直达故事的内核，并将信息与情感因素融合在一起，从而引起用户的情感共鸣。最后，短视频可以借助“面对面”互动让用户参与到信息传播中，有效提高信息传播的认知度。短视频通过寓教于乐的方式传播社会主义核心价值观，提高用户临场感、参与感和获得感。

2. 短视频对大学生社会主义核心价值观认同影响研究的必要性

短视频从多个层面影响大学生对社会主义核心价值观的认同。一方面，短视频挑战思想政治教育主体话语的权威性。短视频开放的环境为大学生信息认知提供重要来源。抖音、哔哩哔哩、小红书等短视频APP丰富的视频资源，在方便大学生快速、准确获取知识的同时，也给思想政治教育者的权威性带来了挑战。另一方面，短视频影响用户接收信息的习惯与偏好，培养了用户“快阅读”的习惯，使其满足于即时、快速信息获偿感。“先前世界的各种可确定之物（例如它们是什么）正在快速消失，取而代之的是我所说的慢性的和弥散性的认知层面的注意力分散。”① 价值观的培育是一个长期的、系统化的过程，短视频容易使用户习惯于感官性信息的获取，其传播效果具有即时性。

短视频成为创新社会主义核心价值观传播的新手段。它的发展使价值观表达的语言、符号、传播的载体发生着变化。同时，它的互动性也增加了大学生自由表达交流的机会。短视频成为大学生的网络聚居地与情感归属地，为社会主义核心价值观认同培育提供了新场域、新方式、新手段。此外，短视频的情感性还可以促进社会主义核心价值观的情感认同以及认同的转化。

大学生正处在思想观念、社会心态确立形成的时期，短视频塑造的复杂、多变的传播环境会影响大学生社会主义核心价值观的培育。此外，短视频带来的社会心态的多样性与大学生心态的多变性相互交织，使大学生在面临人生选择时充满疑惑。所以，短视频对大学生社会主义核心价值观认同影响的研究是新媒体环境下培育时代新人的要求。

3. 短视频对大学生社会主义核心价值观认同影响研究的紧迫性

“空间是一种社会产品，而其一经形成又制约着社会关系的发展……空间是政治的、意识形态的。”② 短视频已成为意识形态争夺的领域。随着互联网技术的发展，短视频传播内容充斥各种思潮，冲击意识形态领域，使大学生面临价值信仰危机。其传播内容存在集体主义和个人主义之间、眼前利益和长远利益之间、传统价值观念和实用价值之间的冲突，这些冲突容易造成学生价值观的认知模糊、错位等问题，影响大学生的价值判断和价值观形成。

短视频良性发展需要社会主义核心价值观发挥其正向引领作用，帮助大学生认识并厘清短视频中存在的纷繁复杂的价值意识，使大学生形成正确的价值取向和行为方式。从而，形成最大限度的价值共识，凝聚向上向善的价值力量。

短视频传播环境下大学生价值观信仰危机消解的需要。一方面，短视频的娱乐化弱化了大学生道德理性。道德理性寄托着道德理想，可培育人民关怀他人和社会，并担负起对他人和社会的责任。短视频带来的技术理性、经

---

① ［澳］罗伯特·哈桑．注意力分散时代：高速网络经济中的阅读、书写与政治［M］．张宁译．上海：复旦大学出版社，2020：5.

② ［法］亨利·列斐伏尔．空间与政治［M］．李春译．上海：上海人民出版社，2008：30.

济逐利性冲击着道德理性。其逐利性逐渐渗透到大学生生活的方方面面，个人利益至上的算计理性及功利性盛行。另一方面，国际环境也冲击着大学生的价值观念。当前世界格局多变，单边主义、强权政治都深刻影响着大学生价值观念的形成。习近平总书记强调："新的征程上，我们必须坚持大团结大联合，坚持一致性和多样性统一，加强思想政治引领，广泛凝聚共识，广聚天下英才。"①

（二）选题的意义

短视频不仅是大学生获取信息、疏解压力、拓展交往的重要渠道，还是他们思想交流、文化碰撞、价值交锋的新空间。短视频成为思想政治教育的阵地，"对他们的求知途径、思维方式、价值观念产生重要影响，特别是会对他们对国家、对社会、对工作、对人生的看法产生重要影响"②。短视频对大学生社会主义核心价值观认同影响研究，具有重要的理论意义与现实意义。

1. 理论意义

短视频对大学生社会主义核心价值观认同影响研究从不同角度丰富了思想政治教育学学科的内涵。思想政治教育有效性面临的挑战也要求从其他学科中吸收营养，借鉴融合相关学科的知识与研究之中。两者的交叉研究有利于促进不同学科之间的融合。

第一，丰富社会主义核心价值观研究理论。"积极推进理念创新、手段创新和基层工作创新，增强工作的吸引力和感染力。"③ 短视频与社会主义核心价值观的结合，提供了新的研究视角与新的研究内容。

第二，有助于凸显大学生的主体性，推进以人为本的价值观培育的理论创新。习近平总书记强调"思想政治工作从根本上说是做人的工作，必须围绕学生、关照学生、服务学生"④。短视频交互性强的特点及其视频化传播的方式，吸引着大学生主动参与到社会主义核心价值观的培育过程，不仅有利于党政机关、高校、主流媒体在价值观建设过程中遵循以人为本的思想，同时也尊重大学生的主体性。短视频不仅赋予了大学生个体表达的权利，还促进了他们主体性意识的崛起。⑤ 作为新兴社交媒体，短视频独

① 习近平谈治国理政（第4卷）［M］．北京：外文出版社，2022：13.

② 习近平谈治国理政（第2卷）［M］．北京：外文出版社，2017：335.

③ 教育部思想政治工作司．加强和改进大学生思想政治教育重要文献选编（1978-2014）［M］．北京：知识产权出版社，2015：644.

④ 习近平谈治国理政（第2卷）［M］．北京：外文出版社，2017：377.

⑤ 隋岩，常启云．社会化媒体传播中的主体性崛起与群体性认同［J］．新闻记者，2016（2）：48-53.

有的技术特性不仅影响着大学生的生活、学习，也重构着价值观培育的观念、体系和方法。

第三，拓宽价值观研究视野。目前相关研究多从思想政治教育学科本身出发。短视频带来的复杂多变的媒体环境为大学生社会主义核心价值观的认同带来了机遇与挑战，在此环境下要规范大学生的行为与道德思想，就需要将多学科理论融会贯通，以拓宽思想政治教育的研究视野，增强社会主义核心价值观的引导力、感染力和影响力。

第四，丰富思想政治教育传播学的研究内容。短视频作为传播的媒介对大学生社会主义核心价值观认同的影响，既是传播学与思想政治教育学的跨学科结合，又直接地归属于思想政治教育传播学的研究范畴。研究过程通过借鉴传播学的理论，创新思想政治教育学科的理论与方法。短视频对大学生社会主义核心价值观认同影响的新问题研究，有利于丰富思想政治教育传播学的研究内容。

2. 现实意义

“做好高校宣传思想工作，是一项战略工程、固本工程、铸魂工程。全球化时代认同危机已经成为普遍现象，青年大学生的价值问题成为当今世界普遍面临的共同危机。”① 短视频对大学生社会主义核心价值观认同影响研究具有多重现实意义。

第一，是培育时代新人的题中应有之义。党的二十大报告指出：“全党要把青年工作作为战略性工作来抓，用党的科学理论武装青年，用党的初心使命感召青年……”② 大学生价值观正处于形成期，在接触短视频过程中会受到其多元文化、多元社会思潮的影响，不利于大学生对主流价值观的认知与认同。大学生是网民中巨大的群体，同样也是短视频使用率最高的群体之一，已成为意识形态、思想文化交锋争夺的重要对象。因此，需要发挥短视频的媒介优势，增强大学生爱国主义教育，推进社会主义核心价值观深入大学生的精神世界、灵魂深处。以社会主义核心价值观引领大学生自觉投身于中华民族伟大复兴的事业中。

---

① 中共中央办公厅，国务院办公厅．关于进一步加强和改进新形势下高校宣传思想工作的意见［EB/OL］．http：//www. xinhuanet. com/edu/2015-01/19/c_ 1114051345. htm，2015-01-19/2022-03-07.

② 习近平．高举中国特色社会主义伟大旗帜，为全面建设社会主义现代化国家而团结奋斗——在中国共产党第二十次全国代表大会上的报告［M］．北京：人民出版社，2022：71.

第二，促进大学生社会主义核心价值观认同日常化、情感化的需要。短视频融入大学生社会主义核心价值观的培育过程，有利于“使社会主义核心价值观内化为大学生的精神追求、外化为大学生的自觉行动”①。作为一种重要的媒体形式，短视频满足了大学生层次化价值需要，成为大学生思想政治教育重要的实践平台。

第三，引领规范短视频健康发展的必然之义。网络社会成为个体普遍化存在状态，网络空间也充斥着多元思想、道德空疏、价值困惑等现象，需要社会主义核心价值观融入其中进行价值引导。加强互联网内容建设，增强网络空间意识形态领域的话语权、主导权。“如果从观念上来考察，那么一定的意识形式的解体足以使整个时代覆灭。”② 市场经济带来的利益多元分化与短视频传播的多元文化思潮交叠，在一定程度上影响价值共识的达成，也会影响大学生共同的理想信念形成。

第四，增强社会主义核心价值观凝聚力的要求。“培育和弘扬核心价值观，有效整合社会意识。”③ 短视频不仅可以培育大学生爱国情感、爱国行动，也可以增强社会凝聚力。“要坚持马克思主义在意识形态领域的指导地位，坚守中华文化立场，坚持以社会主义核心价值观引领文化建设。”④ 短视频为凝聚力的增强提供了多种优势。

二、研究现状综述

大学生价值观认同的研究成为国内外学者共同聚焦、探讨的话题，学者们也从不同角度论述了短视频对价值观培育的影响以及对大学生价值观认同的重要性。

（一）国内研究现状

国内对于大学生社会主义核心价值观认同的研究学术成果丰富，相关代表性著作有《中国当代大学生价值观研究》（杨德广、晏开利，1997），《当代大学生社会主义核心价值观培育研究》（李纪岩，2013），《大学生社会主义核心价值观认同教育》（吕开东、张彬，2019），《当代大学生社会主义核心价值观认同与培育研究》（万资姿，2018），《大学生社会主义核心价值观培育与践行路径研究》（郑克卿，2018），《青年价值观培育研究——以社会

① 十八大以来重要文献选编（上）［M］．北京：中央文献出版社，2014：134.
② 马克思恩格斯文集（第8卷）［M］．北京：人民出版社，2009：170.
③ 习近平谈治国理政（第1卷）［M］．北京：外文出版社，2018：163.
④ 习近平谈治国理政（第4卷）［M］．北京：外文出版社，2022：310.

主义核心价值观为引领》（谭书敏、张春和，2018）。涉及新媒体与大学生社会主义核心价值观培育的相关著作有《新媒体公共领域对社会主义核心价值观的认同》（郭彩霞，2021），《网络媒体传播社会主义核心价值观研究》（郑洁，2012），《新媒体视角下的社会主义核心价值观传播研究》（彭文英，2019），《社会主义核心价值观引领下的网络内容建设工程研究》（唐亚阳，2017）。当前，国内代表性著作主要对新媒体与社会主义核心价值观的关系、两者融合的机制和原则等方面进行论述，直接论述短视频与大学生社会主义核心价值观的著作相对缺乏。

截至2023年3月9日，中国知网关于大学生社会主义核心价值观研究的论文成果却很丰富。以“大学生社会主义核心价值观认同”为主题检索到文献7133篇，其中核心期刊759篇；以“短视频大学生思想政治教育”为主题检索到文献191篇；以“短视频大学生社会主义核心价值观”为主题检索到文献40篇。结合相关文献进行梳理，当前研究主要集中在以下方面。

1. 大学生价值观认同现状及类型

学界关于价值认同的论述内容比较丰富。有学者将价值观认同分为强制认同与引诱认同。① 有学者认为，价值认同是“使自身的价值观念或价值结构获得重新定位和重新调整的过程”。② 有学者认为，价值认同是“更新自身的价值观念和行为取向，使之同社会主义核心价值观相契合的过程”。③ 人们在教育上形成了“自上而下”与“自下而上”两种路向、“外推”与“内生”两种模式。④ 有学者认为，大学生价值观培育模式应遵循“情感—生成—建构”的路径，以促进社会主义核心价值观转为大学生的个人价值取向，实现持久性的、高质量的价值认同。“对某一价值观的认同是一个复杂的动态的发展变化的过程，价值认同一般要经历认知认同、情感认同和行为认同三个步骤。”⑤

① 汪信砚．全球化中的价值认同与价值观冲突［J］．哲学研究，2002（11）：22-26.

② 贾英健．认同的哲学意蕴与价值认同的本质［J］．山东师范大学学报（人文社会科学版），2006（01）：10-16.

③ 闫鹏，吴家华．社会主义核心价值观认同转化论析［J］．江淮论坛，2020（06）：92-98.

④ 贾英健．重建当代价值认同的致思理路和方法解答［J］．湖南社会科学，2006（02）：1-5.

⑤ 余林，王丽萍．大学生对社会主义核心价值观对内隐认同研究［J］．西南大学学报（社会科学版），2013，39（05）：86-93、176.

2. 当前大学生社会主义核心价值观认同培育的缺位与不足

有学者认为，“‘三个倡导’的表述，采取的是一种开放而未定性和未定论的表述方式”。对于特定群体而言是“进一步论证和锤炼社会主义核心价值观”①。大学生社会主义核心价值观教育难以适应信息化发展和虚拟空间发展的变化。有学者认为，解决青年问题必须转变认识青年的视角，以价值与利益“双重导向”促进青年和谐发展②。有学者基于代际社会学的视角，分析了“80后”“90后”“00后”作为具有较强代际身份认同和与老一代鲜明价值观代际差异的“社会代”③。概括而言，当前在实践教育中，大学生价值观教育难以达到真正的效率，主要原因为实践课程和理论教学的脱节；大学生主动积极性发挥不够；课程教学方式单一、保守，部分思政课教师照本宣科，忽视大学生的主体地位；情境教学缺乏，大学生难以在具体环境中主动探索。究其本质，是社会主义核心价值观的普遍性与大学生群体性存在距离，需要丰富社会主义核心价值观内涵，以满足大学生需求。

3. 短视频融入大学生社会主义核心价值观认同培育的优势及意义

高频率使用短视频已经成为大学生生活样态。短视频APP在推动高校网络文化育人中具有增强时空开放性、提高对象参与性、增加资源丰富性等特点。④ 微文化以其便捷性、即时性和个性化的独特优势，深刻改变着青年群体的思考方式和交流方式。⑤ 抖音满足年轻人的个性化需求，这种情感驱动的认同是抖音成为新宠的重要原因。⑥ 维护社会秩序的工具包括暴力和非暴力，社会主义核心价值观教育的作用在于，“通过价值认同，凝聚人心，达成共识，成为整合社会与维持秩序的最佳方法”⑦。

4. 短视频增强大学生社会主义核心价值观认同的基本方法

短视频注重情感培育的方法。通过主旋律短视频引领社会主义核心价值观认同。“主流媒体正逐步采用情感传播的方式来实现生产机制和传播模式的

---

① 王学俭，李东坡．社会主义核心价值观研究述要［J］．思想政治教育研究，2013，29（04）：18-24.

② 杨雄．中国青年发展演变研究［M］．上海：上海文化出版社，2008：6-7.

③ 李春玲．代际社会学：理解中国新生代价值观念和行为模式的独特视角［J］．中国青年研究，2020（11）：36-42.

④ 畅军亮．短视频APP推动高校网络文化育人的特点及其引导策略［J］．思想理论教育，2019（04）：81-84.

⑤ 于安龙，刘文佳．微文化对大学生社会主义核心价值观教育的影响及对策［J］．中国青年研究，2014（11）：107-111+97.

⑥ 徐炜炜，徐睿．大学生抖音使用状况的调研报告［J］．思想理论教育，2019（07）：83-87.

⑦ 林滨．意识形态在价值教育中的合理定位［J］．马克思主义研究，2011（09）：110-115.

创新和变革。”[①] 增强短视频与社会主义核心价值观融合共生，对于社会主义核心价值观的传播、抖音短视频的健康发展、人民美好生活需要的满足有重大意义。[②] 短视频符合大学生获取信息的新需求，主旋律短视频融入思政课堂，可以丰富课堂形式、抵御错误思潮渗透、坚定主流价值观引领。[③] 短视频场域“越来越呈现出复合化、系统化的趋势”[④]，进一步对原有社会关系进行强化。

5. 短视频融入大学生社会主义核心价值观认同培育的困境

短视频具有自身媒体特性，其去中心化、泛娱乐化、逐利化会削弱大学生对主流文化的认同。[⑤] 短视频空间价值生产具有流动性，形成线上的虚拟向线下的渗透、“真实”与“虚拟”相互穿越，造成价值的杂糅、叠加。[⑥] 社会主义核心价值观融入网络话语存在价值观意义“分散式流失”之困、价值观内容“符号式认知”之困、价值观形象“假象式理解”之困。[⑦] 短视频带来的认同困境，可能是由于其存在低俗化的文化形态、同质化的审美标准以及过分满足大学生个性表达所致。[⑧] 手机短视频具有多样化、信息获取率高的特点，可以满足大学生碎片化阅读需求。

有学者在研究中指出，大学生为了防止错失，而要持续关注网络动态，导致过度使用网络。[⑨] 大学生真正面对生活时，可能又缺乏面对现实困难的能力、信心和勇气。[⑩] 也有学者在研究中指出，网络本身具有的匿名性、有限感

① 张志安，黄剑超．融合环境下的党媒情感传播模式：策略、动因和影响［J］．新闻与写作，2019（03）：78-83.

② 唐亚阳，杨果．大学生网络思想政治教育的基本特征探析［J］．湖南大学学报（社会科学版），2012，26（01）：115-118.

③ 潘红涛．主旋律短视频融入高校思政课教学方式初探［J］．思想理论教育导刊，2021（03）：84-87.

④ 庄友刚．从技术建构到社会建构：中国城市化发展的历史抉择——基于空间生产的视角［J］．苏州大学学报，2012，33（02）：60-66+191.

⑤ 王萌苏．逻辑、困境与提升：短视频热潮下大学生文化自信培育探析［J］．思想政治教育研究，2021，37（01）：124-128.

⑥ 庄友刚，仇善章．资本空间化与空间资本化：关于空间生产的现代性和后现代性话语［J］．山东社会科学，2013（02）：33-37.

⑦ 连晓龙．社会主义核心价值观融入网络话语的价值与进路［J］．思想政治教育研究，2020，36（04）：52-56.

⑧ 黄海鹏，门瑞雪，曲铁华．短视频文化影响下的大学生价值观现状透视［J］．学校党建与思想教育，2019（18）：86-89.

⑨ 马建苓，刘畅．错失恐惧对大学生社交网络成瘾的影响：社交网络整合性使用与社交网络支持的中介作用［J］．心理发展与教育，2019（5）：605-614.

⑩ 赵婵娟，李艳秋．大学生网瘾的危害及自我调适方法探析［J］．学术交流，2013（12）：207-210.

官接触等特质，很容易让使用者在网络中获得心理上的成就感。① 大学生会通过使用短视频逃避现实问题。总之，短视频时代高密度、强刺激的信息传播方式，形塑着当代青年的思维新模式，但也冲淡了思想政治教育的理论深度，带来简单化、碎片化的隐忧。②

（二）国外研究现状

西方学者针对存在的大学生价值危机现象，主要从大学生核心价值观认同的意义、大学生价值观生成、媒体与大学生价值观关系，以及短视频对大学生价值观生成的影响多个角度进行了研究。

1. 大学生核心价值观认同的意义研究

西方学者认为价值观是形成群体共识的黏合剂。“如果群体没有信仰或者说没有推动他们前进的思想，那么这些就是没有活力的群体、空虚的群体。”③“一个没有共同信仰的社会，就根本无法存在，因为没有共同的思想，就不会有共同的行动。”④ 英国强调“自由、宽容、开放、公正、公平、团结、权利与义务相结合、重视家庭和所有社会群体”⑤。“新加坡大学生主流价值观教育注重爱国主义精神和东方价值观的塑造，注重学生人格塑造和身心健康发展，注重学生创新精神的培养。”⑥

2. 大学生价值观生成研究

美国强调价值观教育在大学生成长发展中的作用。斯坦福大学的科尔布教授指出：“在美国高等教育理念中的道德与公民价值观，再加上各种社会、经济上的推动力，促使高等教育在美国内战后迅速发展。”⑦ 关于价值观构成的界定，托马斯·里克纳教授认为，品格由道德认知、道德情感、道德行为三个相互联系的部分构成。⑧ 美国高校价值观教育模式包括价值澄清模式、道德发展模式、社会行动模式、体谅教育模式等。英国提出，“核心英国价值

① Zhang L，Amos C，Mcdowell W C. A Comparative Study of Internet Addiction Between The United States and China ［J］. Cyber Psychology andBehavior，2008，11（6）：727-729.

② 李蕉，王博伟．短视频时代思想政治教育的危与机［J］．思想理论教育，2020（06）：76-80.

③ ［法］塞奇·莫斯科维奇．群氓的时代［M］．许列民等译．南京：江苏人民出版社，2003：149-150.

④ ［法］托克维尔．论美国的民主（下）［M］．董国良译．北京：商务印书馆，1988：524.

⑤ 何大隆．英国：合力传播核心价值观［J］．瞭望，2007（22）：27.

⑥ 王鹏．新加坡大学生主流价值观教育探析［J］．思想理论教育导刊，2012（12）：100-103.

⑦ Anne Colby，Thomas Ehrlich，Elizabeth Beaumont，Jason Stephens. Educating Citizens：preparing America's under-graduates for lives of moral and civic responsibility［M］. Danvers：Jossey-Bass，2003：27.

⑧ ［美］托马斯·里克纳．美式课堂：品质教育学校方略［M］．海口：海南出版社，2001：47-48.

观”是英国教育的重要支柱[①]。英国对价值观的界定是多样性的，既有价值共同特征也有本国特色。价值领域是多样的，涉及经济价值、文化价值、道德价值、环境价值等。[②] 高校对价值观融入也是多种多样的，包括采用导师制、社团开展价值教育等。澳大利亚则强调培育国家核心价值观采用多种举措，包括通过显性和隐性教育方法进行价值观渗透。[③] 同样作为亚洲国家的新加坡在高校价值观培育方面受到中西方文化的影响，其价值观教育是坚持国家、学校、社会各界与家庭社区相互配合的一个“综合工程”，注重校园和社会的实践环节，培育大学生主流价值观[④]。

3. 媒体与大学生价值观关系研究

“任何媒介（即人的任何延伸）对个人和社会的任何影响，都是由新的尺度产生的。”[⑤] 1968 年哈贝马斯指出，科学技术即是意识形态。[⑥] 英国著名传媒学者约翰·B. 汤姆森纳指出，意识形态传播具有象征化、视觉化、日常生活化等感性形式。[⑦] 德国学者卡斯特指出，信息与媒体开始统治政治和意识形态；政治社会在其内涵、组织、过程与领导权上被电子媒体根本形塑。[⑧] 美国著名学者尼尔·波兹曼认为，我们的文化正在从以文字为中心向以形象为中心转变。[⑨] 当前随着媒体由文字转向视觉，“每个媒介域都会产生一个特有的空间—时间组合，也就是一个不同的现实主义”。在德布雷看来，人类文明史可以被看作三个不同媒介域的接续，每个媒介域都会以某种传播技术为其主导，分别是以文字媒介为主导的逻各斯域、以印刷媒介为主导的书写域和以视听媒介为主导的图像域。[⑩] 以短视频为代表的视频类媒体对价值观影响具有

① Nicky Morgan. Why Knowledge Matters［EB/OL］. https：//www. gov. uk/gover-nment/speeches/nicky-morgan-why-knowledge-matters，2015-01-27/2023-02-07.

② 邱琳．英国学校价值教育的发展模式和基本特征［J］．比较教育研究，2013（1）：63-67.

③ 常飒飒，张绍刚．澳大利亚学校价值观教育的特点与启示［J］．吉林省教育学院学报，2011（12）：16-18.

④ 王鹏．新加坡大学生主流价值观教育探析［J］．思想理论教育导刊，2012（12）：100-103.

⑤［加］马歇尔·麦克卢汉．理解媒介——论人的延伸［M］．何道宽译．江苏：译林出版社，2013：18.

⑥［德］尤尔根·哈贝马斯．作为“意识形态”的技术与科学［M］．李黎，郭官义译．上海：学林出版社，1999：71.

⑦［英］约翰·B. 汤姆森．意识形态与现代文化［M］．高铦等译．江苏：译林出版社，2013：13-21.

⑧［德］曼纽尔·卡斯特．认同的力量［M］．夏九铸等译．北京：社会科学文献出版社，2003：306.

⑨［美］尼尔·波兹曼．娱乐至死［M］．章艳译．桂林：广西师范大学出版社，2004：11.

⑩［法］雷吉斯·德布雷．普通媒介学教程［M］．陈卫星，王杨译．北京：清华大学出版社，2014：262.

独特性。

4. 短视频对大学生价值观生成的影响研究

有学者通过分析国内外文献，指出用户使用移动短视频 App 的动机有信息获取、娱乐需求、获得他人认同、交友、缓解压力等。① 用户观看短视频动机多样。随着 5G 技术的发展与智能手机的普及，一些大学生过度使用短视频，成为“刷屏一族”的主力军。短视频平台重构了知识的生产和传播路径：传播主体和知识主体的泛化带来了大量的知识生产、虚假知识的泛滥和知识结构的无序。② 有学者论述了数字化媒体对人际关系带来的双重影响，“日益频繁的中介化互动似乎威胁到了人际关系的神圣性”“新媒体为我们创作了更多与他人建立联系的机会”③。短视频作为数字化媒体正在形塑着大学生社会交往的方式。

（三）国内外研究述评

基于上述国内外研究现状分析可知，当前国内外学术界对大学生社会主义核心价值观认同研究取得了丰富成果。但是总体来说，对于研究短视频对大学生社会主义核心价值观认同影响仍然存在一些空间。

从研究层次来看，当前研究中对于短视频与大学生社会主义核心价值观关系存在微观分析多、宏观研究少。有学术论文分析短视频对社会主义核心价值观的正面、负面影响及培育路径，但是缺乏博士论文、学术著作等宏观层面的切入，对短视频空间大学生社会主义核心价值观认同研究的宏观系统性需要进一步研究。

从研究视角来看，当前学术成果中有探讨新媒体与大学生社会主义核心价值观关系，但是缺乏短视频对大学生社会主义核心价值观认同影响的研究。对此，可以通过吸纳社会学、传播学、心理学等多学科对研究对象进行综合性分析。

从研究方法来看，当前研究中多定性研究，定量与定性研究结合得较少，一定程度限制了研究的应用价值发挥。通过调查分析方法探讨短视频对社会主义核心价值观的研究较少。鉴于此，通过实证研究方法，准确把握短视频与大学生社会主义核心价值观关系，通过系统性问题设置，分析短视频带来

---

① Hasan M. R，Jha A. K，Liu Y. Excessive Use of Online Video Streaming Services：Impact of Recommender System Use，Psychological Factors，and Motives［J］. Computers in Human Behavior，2018，80：220-228.

② S. Cao. From Breaking to Inheritance：Research on the Dilemma and Development Path of Knowledge-Dissemination in New Media Environment. New Media and Society. 2018-04.

③［法］南希·K. 拜厄姆. 交往在云端：数字时代的人际关系［M］. 董晨宇，唐悦哲译. 北京：中国人民大学出版社，2020：2.

的消极影响，并提出相应的培育原则与培育策略。

当前，学界关于短视频对大学生社会主义核心价值观认同影响的研究还处于萌芽状态。媒体与大学生价值观研究论文较多，短视频与大学生社会主义核心价值观认同研究相对较少。概括而言，缺乏总体性、系统性研究，对于理论渊源、未来进路缺少深度研究。因此，需要从研究视角、研究方法、研究层次及理论和实践上进一步地深入分析。

第一章　短视频对大学生社会主义核心价值观认同影响研究概念与理论基础

本章通过对短视频相关概念界定，确定了研究起点。通过对马克思主义经典作家关于社会主义意识形态认同的思想的系统梳理，以及对相关学科知识的借鉴，确立研究的理论基础。

第一节　短视频对大学生社会主义核心价值观认同影响研究的相关概念

一、短视频概述

(一) 短视频概念与特征

短视频的发展热始于 2017 年，并逐渐成为大学生接触的重要媒体形式。短视频包含的丰富素材，以多样化的表达方式、简单方便的编辑与发布功能，满足大学生自我表达、求异求新的心理需求。

1. 短视频概念

学术界从不同视角对短视频概念作出界定。从时长看，短视频不同于长视频，其篇幅更短小，一般在 5 分钟之内。从传播形式看，短视频以直观、视频化表达方式与他人分享，区别于文字的书写形式。从影响看，“随着 5G 技术的发展和普及，短视频或将成为主流传播以及人们社会性认知最重要的媒介表达形式”①。“短视频制作简单，没有题材限制，不需要高学历，甚至都不需要会写字，是人人可以拍，人人可以看的”②。

上述概念从互联网背景、技术依赖、时长三个层面概述了短视频出现的时代背景、技术支撑以及自身特点。短视频是互联网发展的产物，自媒体革命催生短视频的产生。与其他类型自媒体相比，短视频的用户更加广泛、更加平民化。本质上，“短视频是从民间文化走向公共传播的，它从一开始就是以‘生活化’为其底色，进入公共化传播后，生活化也是一种基本的表达策略，而以人为本将是其持久的文化基因”③。短视频已成为大学生主要的接触媒体，5G 技术将继续推进短视频的发展。短视频内容制作简单、分享快捷，非常适应大学生的表达方式，成为大学生社会关系中一种重要的社交资本。

2. 短视频特征

短视频以生产方式多样化、叙事风格独特化成为大学生社交、娱乐、学习的主要方式，使用户从文字阅读时代、读图时代进入观影时代。短视频具有区别于传统媒体、其他类型自媒体独特的属性。

短视频具有开放性特征。首先，短视频具有生产者多元化、生产方式多样化特征。短视频的多种生产方式带来生产主体多元性、差异性、杂糅性。短视频成为具有多元信息、意见自由流通的传播空间。其次，短视频具备互动性、开放性。短视频的点赞、评论、收藏、加星、转发功能，构建出多主体、多形式的互动方式。短视频用户还可以通过网站、微博、微信、客户端实现二次传播，打破平台限制实现与其他类型媒体的融合。短视频传播的范围、幅度扩大。

短视频具有轻薄性、流变性特征。首先，短视频叙事风格轻薄。短视频以行为和事件为核心要素，并通过直观的简洁的方式抽取事件中的某个要素。在要素呈现过程中，短视频通过视频化手段放大、呈现该要素，并通过削减事实边缘化信息，体现出一事一播，一题一线，单线索、轻量化风格。短视频的轻薄性区别于影视作品、长视频宏观、复杂、连续的叙事风格，更适应受众快节奏的生活方式。短视频轻薄化叙事有利于突出重点，在 5 分钟或更

① 范建刚，崔维维．短视频传播“无名者”榜样情感动员逻辑研究［J］．未来传播，2022，29（1）：[illegible]6-84.

② 陆地，杨雪，张新阳．中国短视频发展的长镜头［J］．新闻战线，2019（1）：28-32.

③ 彭兰．短视频：视频生产力的“转基因”与再培育［J］．新闻界，2019（01）：34-43.

短时间呈现事件的核心，将复杂事件简单化。用户不用费心去思考事件中的背景与人物复杂关系，有利于用户对短视频内容的理解。其次，短视频具有时空流变性。5G 技术的发展，畅通了大学生随时随地观看短视频、发布短视频的渠道。在短视频中，时间、空间是永恒流动的、充满变动的、不会消失的，短视频带来轻传播时代。

短视频具有多场景化特征。移动设备的便携性和观看时间灵活的特性使短视频满足碎片化、伴随性场景。短视频来源于生活，具有生活质朴的底色。短视频具有场景丰富多元的特性。按照场景的功能，短视频场景可以分为实用性功能场景、社会性功能场景、娱乐性功能场景。一方面，场景之间既可以随时切换，也可以互相融入；另一方面，短视频场景既有来源于生活的现实性场景、虚构的虚拟性场景，还有介于两者之间的现实增强场景与虚拟场景融合。短视频多场景化可以缩小受众与传播者的距离，让受众产生身临其境的现场感。虚拟的现实又扩展丰富了短视频的空间内容。短视频使现实生活拟态化，成为现实与虚拟世界的桥梁，相互影响、相互流动。现实生活为视频化生存提供素材，视频中制造的场景会成为现实生活的素材。短视频的桥段、流行舞蹈、美食、生活方式这些由视频平台创造的流行又成为现实生活的一部分，短视频场景与现实生活逐渐相融。

短视频具有情感化叙事特征。短视频题材多源于生活，具有生活化特征，其真实性、相近性，更能唤起用户共情。抖音央视频经常采取“在路上”“生命、救援”“温情、感动”等情景作为短视频传播的生活题材。这些场景具有新闻性、戏剧性，易唤起受众情感。短视频传播相关内容具有生活体验感、质朴的生活味道。从叙事策略看，短视频多用情感化策略，与文字逻辑性、理性相区别。“与文字相比，视觉力量在唤起情感方面更直接、快速”①。情感是短视频吸引用户的重要方式，可以在较短时间内唤起受众的情感体验，从而吸引用户与视频中的人物产生共情。从叙事方式角度看，短视频依托背景音乐、动感视频、交替镜头、引导性文字来渲染情感。概述而言，短视频技术、策略、自身都凸显情感化逻辑，以情感互动为依托，更容易与用户产生共鸣。

短视频具有碎片化特征。短视频播放时间短，方便用户利用零碎时间，随时随地在移动设备上观看。短视频时长也限制内容的选择，或是故事的一

① 彭兰. 短视频：视频生产力的“转基因”与再培育［J］. 新闻界，2019（01）：34-43.

个梗概、或是人物的一个侧影，内容传播具有过程性、截取性等碎片化特点。碎片化特征方便用户使用，用户可以根据自己需求选择观看时间、观看地点、观看内容。即使用者在时间上不连续地、在空间上不固定地接触多种媒体或内容的行为表现[①]。短视频为满足网络化、碎片化生活需求，“创造了一个弱把关的自由信息时代，一个碎片化、多中心、泛信源、重娱乐的轻传播纪元”[②]。短视频的特征适应大学生求新、求奇的心理特征。

(二) 短视频类型与发展现状

1. 短视频类型

从生产主体看，短视频可分为主流媒体短视频、机构媒体短视频、商业媒体短视频、自媒体短视频。从内容类型看，可分为资讯类短视频、社交类短视频、娱乐类短视频、购物类短视频。从生成方式看，可以分为 UGC 模式、PGC 模式、PUGC 模式、MCN 模式。短视频生产主体多样、生产内容多元、生成方式多变带来短视频空间多种价值观念、意识形态的复杂性。

2. 短视频传播价值现状

短视频代表着一种生产方式，是意识形态、价值观的生产空间。短视频是专家、技术、资本多种因素制造出来的，包含特定的利益，代表了一种生产方式。列斐伏尔更是深刻指出，空间“代表了特定的利益，同时代表了一种生产方式”[③]。短视频价值多元，既包括积极向上的主流价值，也包括消极的反主流价值，还有处于中间地带的非主流价值。各种价值观在短视频场域对话、互动、争鸣、交锋，势必会影响社会主义核心价值观主动权、领导权。全面掌握短视频场域出现的各种文化，分析其影响，才能掌握短视频场域大学生思想政治教育主导权。

短视频中思想观念、价值取向活跃。从舆论场划分，分为政府舆论场、媒体舆论场以及民众舆论场“三个舆论场”。从舆论场性质划分，分为红色地带、灰色地带、黑色地带“三个地带”。对于短视频空间三个地带要及时识别、及时引导。

---

① 廖圣清，黄文森，易红发，申琦．媒介的碎片化使用：媒介使用概念与测量的再思考［J］．新闻大学，2015（06）：61-73.

② 林克勤．轻传播：短视频引领的后媒体浪潮［J］．现代传播（中国传媒大学学报），2019，41（10）：12-18.

③ ［法］亨利·列斐伏尔．日常生活批判（第3卷）［M］．叶齐茂等译．北京：社会科学文献出版社，2018：652.

二、大学生社会主义核心价值观认同论述

（一）价值认同内涵

1. 认同

认同概念内涵丰富，源于社会学认定。“认同是指个人对自我的社会角度或身份的理性确认，它是个人社会行为的持久动力”①。具体可概括为“社会成员平均具有的信仰和感情的总和，构成了他们自身明确的生活体系”②。我国学者将认同定义为“群体中的成员在认知与评价上产生了一致的看法及其感情”③，即群体对社会共同意识的认同。可见，从个体、群体、国家看，认同是重要的凝聚力。

概括而言，认同是在理性思考、自我衡量的基础上，个体吸纳群体属性、社会规则的过程。认同就是“个人认可、接受某种意识形态的思想、观念、价值规范，并将其纳入自己的思想观念、价值体系，成为自己的思想意识的有机组成部分，进而支配和控制自身行为使之符合该意识形态的过程。从心理结构上来看，这一过程是认知过程、情感认同、意志认同与行为认同的统一”④。认同是个体通过主动或被动的形式，吸纳社会共同意识形态，其目的是使个人行为统一于集体行为中。

2. 价值认同

价值认同的概念与认同概念之间有一定区别。“所谓价值认同，是指价值主体在社会实践中通过交往、对话和互动，不断调适自身的价值结构以适应、接受和遵循社会价值规范的过程”⑤。价值认同具有重要的凝聚作用，“已经使价值诉求从外在引导变为内心自觉；它是最节省的，因为不需要花费一枪一弹”⑥。

由此可见，价值认同具有实践性，是主体在实践过程中对社会共同价值内化的过程。同时，价值认同具有过程性，是从实践到内化再到实践的往复循环过程。价值认同的最终目的是对共同价值观念的接受和遵从。

---

① 汪信砚．全球化中的价值认同与价值观冲突［J］．哲学研究，2002（11）：22-26.

② ［法］涂尔干·埃米尔．社会分工论［M］．北京：生活·读书·新知三联书店，2000：42.

③ 彭克宏主编．社会科学大词典［M］．北京：中国国际广播出版社，1989：279.

④ 聂立清．我国当代主流意识形态认同研究［M］．北京：人民出版社，2010：53-54.

⑤ 冯留建．社会主义核心价值观培育的路径探析［J］．北京师范大学学报（社会科学版），2013（02）：13-18.

⑥ 林滨．意识形态在价值教育中的合理定位［J］．马克思主义研究，2011（09）：110-115.

（二）大学生社会主义核心价值观认同内涵

1. 社会主义核心价值观的论述

中共十六届六中全会明确提出，“社会主义核心价值体系是建设和谐文化的根本”① “建设社会主义核心价值体系，形成全民族奋发向上的精神力量和团结和睦的精神纽带”②。党的十八大报告明确提出，“倡导富强、民主、文明、和谐，倡导自由、平等、公正、法治，倡导爱国、敬业、诚信、友善，积极培育和践行社会主义核心价值观”③。2013 年 12 月，《关于培育和践行社会主义核心价值观的意见》指出，“这 24 个字是社会主义核心价值观的基本内容”④。2014 年 5 月 4 日，习近平总书记在北京大学师生座谈会上强调指出：“核心价值观，承载着一个民族、一个国家的精神追求，体现着一个社会评判是非曲直的价值标准。”⑤ 并勉励大学生下功夫树立培育社会主义核心价值观。2021 年 11 月 11 日，《中共中央关于党的百年奋斗重大成就和历史经验的决议》强调“坚持以社会主义核心价值观引领文化建设”“坚持用社会主义核心价值观培育人”，诠释了社会主义核心价值体系的历史定位。2022 年，党的二十大报告再次强调社会主义核心价值观的历史意义、社会作用、融入路径，“用社会主义核心价值观铸魂育人”“把社会主义核心价值观融入法治建设、融入社会发展、融入日常生活”。⑥

2. 大学生社会主义核心价值观认同理论逻辑

2014 年五四青年节，习近平总书记指出：“每个时代都有每个时代的精神，每个时代都有每个时代的核心价值观念。”⑦ 社会主义核心价值观三个层面都包含着人民利益至上的原则。从理论上看，大学生社会主义核心价值观认同遵循“政治认同、思想认同、理论认同、情感认同”理论逻辑。习近平总书记讲到的“四个认同”是大学生社会主义核心价值观认同培育的总目标。短视频作为一种培育的工具，以其为手段融入大学生社会主义核心价值培育过程时，应以“四个认同”为总的统领。在实践过程中，思想政治教育者结

---

① 中国共产党第十六届中央委员会第六次全体会议文件汇编［M］. 北京：人民出版社，2006：21.

② 中国共产党第十六届中央委员会第六次全体会议文件汇编［M］. 北京：人民出版社，2006：22.

③ 胡锦涛文选（第 3 卷）［M］. 北京：人民出版社，2016：638.

④ 教育部思想政治工作司. 加强和改进大学生思想政治教育重要文献选编（1978-2014）［M］. 北京：知识产权出版社，2015：644.

⑤ 习近平谈治国理政（第 1 卷）［M］. 北京：外文出版社，2018：168.

⑥ 习近平. 高举中国特色社会主义伟大旗帜，为全面建设社会主义现代化国家而团结奋斗——在中国共产党第二十次全国代表大会上的报告［M］. 北京：人民出版社，2022：44.

⑦ 习近平谈治国理政（第 1 卷）［M］. 北京：外文出版社，2018：168.

合短视频特征将培育的目标具体化为认知认同、情感认同、意志认同、行为认同。概括而言，“知、情、意、行”的培育目标具有阶段性，服务于“四个认同”长期的总目标。

（三）大学生社会主义核心价值观培育的要素结构

认同是“一种情感趋向和价值趋同”①，是基于对对象认知基础上做出的一种价值选择。按照价值观构建的逻辑，认同形成的进路包括“认知认同—情感认同—意志认同—实践认同”四个阶段，循环往复。从源头看，认知认同是出发点；从归属看，实践认同是结果和目标；从过程看，情感认同是使认同发生转化的关键环节，意志认同是价值观内化的体现。培育主体既要把握每个阶段的认知特性，又要把握不同阶段存在的联系。

马克思主义关于道德品质的论述认为，道德认知、道德情感、道德意志和道德行为四要素共同构成道德品质结构。社会主义核心价值观也是一种道德品质。“核心价值观，其实就是一种德。”② 社会主义核心价值观认同也是由“知、情、意、行”四个环节构成的。

第一，大学生社会主义核心价值观认知认同。“认知认同，是个体对一定价值观在认知和理解的基础上形成的感性认同和理性认同的统一形式。”③ 认知认同本身包括感性认同与理性认同两种形式。从作用上看，“培养和践行社会主义核心价值观，前提是认知和认同”④。社会主义核心价值观认知认同意义丰富，主要包括掌握社会主义核心价值观三个层面的概念与内涵、区别各价值概念之间的含义等内容。从发生学角度看，内生源于社会政治制度自然演化的结果，是某一社会政治发展的必然逻辑。外生是外在力量与社会内部政治交互作用的结果。从目标看，认知认同包括感性认同阶段、理性认同阶段，侧重于解决“是什么”“为什么”两个问题。其中，感性认同阶段是对价值观念直观的、零散化的、表面的认识，解决“是什么”问题。理性认同阶段通过思维对价值观的观念、理论、观点、判断、分析，解决“为什么”问题。认知认同是认同的基础与前提，也是认同内化于心、外化于行的关键所在。

第二，大学生社会主义核心价值观情感认同。情感认同是人们对价值观

---

① 张成龙．以“党建+”理念增强高校基层党建工作内生动力［J］．思想教育研究，2019（01）：96-99.

② 习近平谈治国理政（第1卷）［M］．北京：外文出版社，2018：168.

③ 吴潜涛，艾四林．社会主义核心价值观研究前沿问题聚焦［M］．北京：人民出版社，2018：402.

④ 刘献君．论文化育人［J］．高等教育研究，2013，34（02）：1-8.

进行选择、判断、评价时产生的喜爱、满意、肯定等主观情绪。情感认同是基于认知认同基础上的深刻认识，是发自内心的喜爱。情感认同具有激励、巩固的作用。大学生对社会主义核心价值观的情感认同，是对价值观内容产生喜好、爱好等情感，是认同四个环节转化中的关键环节。

第三，大学生社会主义核心价值观意志认同。意志认同也可称为内化认同，从方向看，内化是主体将外部信息转化为自我构成的过程。从功能看，内化是调节自我适应社会关系与外部世界的过程[①]。意志认同是大学生主体根据自身社会化需要对某种价值观在认同、理解、评价的基础上，达到内化的过程。

第四，大学生社会主义核心价值观实践认同。实践认同是价值观认同的归宿和目标。社会主义核心价值观培育的最终目的是付诸实践，指导人们的行动，“全部社会生活在本质上是实践的”“哲学家只是用不同的方式解释世界，问题在于改变世界”[②]。从过程看，实践认同是意志认同的升华；从动机看，实践认同是将社会规范与价值体现在行动中的表现；从效果看，实践认同又称为行为认同，是具有情感、意念支配下主动行动价值观念的过程[③]。“思想政治教育的根本任务，就是将主流意识形态注入社会个体成员的思想观念之中。”[④] 概括而言，四个认同过程相互联系、相互转化。

三、短视频对大学生社会主义核心价值观认同影响分析

思想政治教育与短视频传播活动本身具有多方面联系。“教育教学活动本身就是传播的重要形式，教育正是通过对知识体系、道德观念、情感态度、技能素质等多方面的传播来完成传与授的。另外，从教育过程来看，教育过程的构成与传播过程也有相近之处。”[⑤] 短视频传播要素与培育要素、传播过程与培育过程、传播效果与培育效果之间存在同一性与关联性。研究从影响因素、影响现状、影响效果三个层面进行论述，也是本书重点研究的问题。短视频对大学生社会主义核心价值观认同影响因素是一个复杂的系统，各因素之间相互联系、相互依存。主要因素包括对认同环境、培育载体、培育主客体的影响。“人的正确思想只能从社会实践中来，要端正思想，善于调查研

---

① ［美］柯纳斯，詹姆斯．内化［M］．王丽颖译．北京：北京大学医学出版社、北京大学出版社，2007：7.

② 马克思恩格斯选集（第1卷）［M］．北京：人民出版社，1995：56-57.

③ 聂立清．我国当代主流意识形态认同研究［M］．北京：人民出版社，2010：56.

④ 沈壮海．新编思想政治教育学原理［M］．北京：中国人民大学出版社，2022：91.

⑤ 张雷．传播理论与大学生思想政治教育有效接受研究［M］．杭州：浙江大学出版社，2015：4.

究，总结经验，克服困难，少犯错误”①。影响现状是对认同影响的现实、真实情况的调研与分析。短视频的影响效果分为两个方面，一方面，将影响效果分为积极与消极两个维度，并结合具体因素进行分析；另一方面，从流程看，将影响效果与大学生社会主义核心价值观认同过程结合，从认知认同、情感认同、意志认同、实践认同四个阶段切入。培育主体从不同阶段结合短视频特征采用不同手段提升培育效果。

第二节　短视频对大学生社会主义核心价值观认同影响研究的理论基础

马克思主义经典作家关于社会主义意识形态认同的相关论述成为研究的基本遵循。研究过程中将社会主义意识形态认同的相关论述与短视频特征结合，并赋予时代特色。

一、马克思主义经典作家关于社会主义意识形态认同的思想

社会主义意识形态认同的思想为科学研究短视频与社会主义核心价值观关系、揭示内在规律，提供了全面而坚实的理论基础。特别是马克思人学理论、社会存在和社会意识关系论述、马克思需要理论、马克思价值观理论为准确把握大学生的变化规律，认识社会主义核心价值观价值意蕴、探析大学生社会主义核心价值观培育路径提供方向。

（一）马克思、恩格斯关于社会主义意识形态认同的思想

短视频增强了大学生主体性，把马克思人学理论作为理论基础，其实是强调短视频特性与大学生特性具有相似之处。短视频为认同培育提供了新的路径与平台。

1. 关于意识形态本质和功能的论述

马克思指出意识形态的本质，“这些生产关系的总和构成社会的经济结构，即有法律的和政治的上层建筑竖立其上并有一定的社会意识形式与之相适应的现实基础”②。也就是说，意识形态是“观念的上层建筑”，意识形态具有能动性，受到经济基础的制约，同时也会对经济基础产生反作用。“如果

① 毛泽东文集（第8卷）［M］．北京：人民出版社，1999：320.

② 马克思恩格斯全集（第2卷）［M］．北京：人民出版社，2005：591.

从观念上来考察，那么一定的意识形态的解体足以使整个时代覆灭”[①]。意识形态是一个国家上层建筑的重要构成。

2. 人学理论

第一，“现实的人”研究的逻辑起点。“我们的出发点是从事实际活动的人”[②]“这里所说的个人不是他们自己或别人想象中的那种个人，而是现实中的个人”[③]。个人受制于现实的社会关系与物质条件，而不是生活在真空中的、想象性的个人。人学理论研究的“人”是具体的、现实的、实践的、能动的而不是抽象的、孤立的、空洞的。大学生社会主义核心价值观培育应经过“现实的人”这个中介。要从大学生主体性发展的视角出发，探讨社会主义核心价值观培育的必要性，为合法性存在寻找支撑，增强社会主义核心价值观培育的有效性。

第二，以尊重发展人的主体性为主题。早在150多年前，马克思就深刻指出：“人的根本就是人本身”[④]“人始终是主体”[⑤]“马克思尊重人的主体性”，人的主体是现实的而不是抽象的。“他是具有感性的、单个的、直接存在的人。”[⑥]人类发展在于“通过人并且为了人而对人的本质的真正占有”[⑦]。他认为人的解放是“宣布人是人的最高本质这个理论为立足点的解放”[⑧]。培育过程中，不能把大学生当成被动的教育对象，应考虑到大学生的主体性，发挥其实践主体功能。从教育方法上进行创新，让大学生以实践者、参与者的双重身份真正融入社会主义核心价值观培育中。

第三，以人的实践性为中介。“实践观点的确立是马克思实现哲学变革的关键。”[⑨]社会主义核心价值观对个人具有显著的导向作用。“人的劳动实践作为人类存在的特性恰恰就体现为‘自由的自觉的活动’。”[⑩]在马克思看来，人这一存在者之所以具有与众不同的地位，就在于人的实践性。[⑪]“全部社会生活在本质上是实践的。”[⑫]实践活动构成了人与世界的原初关联。人是“通

---

① 马克思恩格斯文集（第8卷）［M］. 北京：人民出版社，2009：170.
② 马克思恩格斯选集（第1卷）［M］. 北京：人民出版社，2009：152.
③ 马克思恩格斯选集（第1卷）［M］. 北京：人民出版社，2009：151.
④ 马克思恩格斯选集（第1卷）［M］. 北京：人民出版社，2009：10.
⑤ 马克思恩格斯文集（第1卷）［M］. 北京：人民出版社，2009：195-196.
⑥ 马克思恩格斯文集（第1卷）［M］. 北京：人民出版社，2009：46.
⑦ 马克思恩格斯文集（第1卷）［M］. 北京：人民出版社，2009：185.
⑧ 马克思恩格斯文集（第1卷）［M］. 北京：人民出版社，2009：18.
⑨ 陈晏清，王南湜，李淑梅. 现代唯物主义导论［M］. 北京：北京师范大学出版社，2017：1.
⑩ 车华. 论马克思恩格斯“人”之诠释中的人权意蕴［J］. 齐鲁学刊，2012（5）：78-81.
⑪ 贺来. “主体性”的当代哲学视阈［M］. 北京：北京师范大学出版社，2013：145.
⑫ 马克思恩格斯文集（第1卷）［M］. 北京：人民出版社，2009：501.

过实践创造对象世界，改造无机界”①。马克思总是从人的实践活动出发考察价值和价值关系。可见马克思、恩格斯对价值本质的探讨着眼于实践方式，体现马克思主义价值观的运思方式。

第四，人的全面发展理论。马克思认为，人的自由是“现实的个人”的自由，“一切人的自由发展的条件”是“每个人的自由发展”。人具有特殊性，“同样，人也是总体，是观念的总体”②。将人的全面自由发展作为目标，“每个人的自由发展是一切人的自由发展的条件”③。人具有主体性与主动性。共产主义是“以每个人的全面而自由的发展为基本原则的社会形式”④。培育者不仅要考虑到社会主义核心价值观培育的整体性、系统性，也不能忽视个体性和特性。其培育的目标是促成作为伟大复兴中国梦的实践主体大学生的全面发展，但也要把握个性与共性关系，促进大学生个性的发展。大学生作为中国梦的实践者，是社会发展进步的核心要素，要充分调动人的主动性、积极性和创造性。

总之，在社会主义核心价值观认同研究中，作为现实的人是不可或缺的。马克思人学视野是以现实的、活生生的、有血有肉的人作为研究对象。在思想政治教育实践中，要考虑到学生的主动性、能动性，因为“人们的社会历史始终只是他们的个体发展的历史”⑤。从这个角度看，意识形态培育就是人学，社会主义核心价值观培育应把大学生主体性纳入其中。

3. 马克思、恩格斯关于社会存在与社会意识关系论述

马克思、恩格斯认为，社会存在决定社会意识⑥。意识形态具有相对独立性与能动性，也会对经济基础发挥其能动的反作用。“对经济基础发生反作用，并且能在某种限度内改变经济基础。”⑦ 社会主义核心价值观是由一定生产方式决定的，是现实的、实践的。社会主义核心价值观作为社会主义意识形态受到短视频影响，又反过来作用于短视频。

人与环境的关系。“人创造环境，同样环境也创造人。”⑧ 马克思指出，人并不能按照自己的欲望创造历史，“而是在直接碰到的、既定的、从过去承

---

① 马克思恩格斯文集（第 1 卷）［M］. 北京：人民出版社，2009：162.

② 马克思恩格斯文集（第 1 卷）［M］. 北京：人民出版社，2009：182.

③ 马克思恩格斯文集（第 2 卷）［M］. 北京：人民出版社，2009：53.

④ 马克思恩格斯全集（第 23 卷）［M］. 北京：人民出版社，2016：649.

⑤ 马克思恩格斯文集（第 10 卷）［M］. 北京：人民出版社，2009：43.

⑥ 马克思恩格斯文集（第 2 卷）［M］. 北京：人民出版社，2009：591-592.

⑦ 马克思恩格斯选集（第 4 卷）［M］. 北京：人民出版社，2012：611.

⑧ 马克思恩格斯文集（第 1 卷）［M］. 北京：人民出版社，2009：545.

继下来的条件下进行创造"[①]。人不是随心所欲地创造环境而是受制于一定的客观历史条件。马克思在《神圣家族》中指出："历史不过是追求着自己目的的人的活动而已。"[②] 马克思认为个人难以脱离社会，"因此个人是怎么样，这取决于他们进行生产的物质条件"[③] "人们的存在就是他们的现实生活过程"[④]。因此，思想政治教育，既要遵循历史发展规律、大学生的特点，又受到社会发展的阶段、客观的技术等因素制约。当前存在阶层分化，处在不同阶层中的大学生对社会主义核心价值观认同程度不同，在思想政治教育工作中，要针对大学生阶层特点，将以往"漫灌"式的教育与"滴灌"式教育相结合。新的人工智能技术也为分类性教育提供了技术支持。

4. 意识形态工作应基于人民的需要

马克思主义认为，需要是人的生命活动的表现。人的需要是指，现实生活中的个体和由个体组成的群体对自然、社会他人表达的诉求，也是个人参与社会活动的动力。

第一，需要构成了意识形态工作的起因和归宿。"这些关系使得人们开始关注自身及其与外部世界的发展，促使个人世界观、人生观、价值观逐步形成，激发人们追求生存、发展及与外界和谐相处的客观需要。"[⑤] 需要促成价值观养成、培育的可能性与必要性。在社会化人群交往过程中，价值观逐渐从无到有、从小到大、从模糊到清晰、从分散到集中，人的需要的存在与变化决定价值观培育必须要坚持和更新。

第二，需要的层次性和差异性构成意识形态工作的源动力。生存需要是基础，享受需要是过程，发展需要居于最高层次，是人类生存的根本目的。价值观培育是人的精神需要的一部分，也是实现自我发展的重要途径和手段。需求的层次性决定了价值观教育的过程性、阶段性和发展性。在不同阶段人类需求不同，需要的层次性和差异性决定了价值观培育手段的多样性和个体性。

第三，意识形态工作应注重社会历史性和发展性。随着社会和人类逐步发展，在不同的历史时期，人的需要对象、内容、水平是不同的。需要是自我生成、动态发展的辩证过程。需要具有超前性，同时也受到社会历史等客观条件制约。需要与现实的关系在一定程度上导致主体的紧张感，也构成社

① 马克思恩格斯选集（第1卷）［M］．北京：人民出版社，2009：669.

② 马克思恩格斯文集（第1卷）［M］．北京：人民出版社，2009：295.

③ 马克思恩格斯文集（第1卷）［M］．北京：人民出版社，2009：520.

④ 马克思恩格斯文集（第1卷）［M］．北京：人民出版社，2009：524-525.

⑤ 曾长秋，银红玉．马克思主义需要理论视域下的思想政治教育价值探究［J］．思想教育研究，2013（05）：13-16.

会主义核心价值观教育的现实张力。从这个意义上讲，社会主义核心价值观的保障功能，一方面形成稳定的社会秩序，另一方面使个体形成底线规范。提升功能包括在全社会提升理想信念和社会文明，在个体层面提高社会化功能。社会主义核心价值观具有推进功能，一方面全社会围绕伟大复兴中国梦不断发展完善，另一方面推进个体全面自由发展，提升人的精神境界。

第四，意识形态工作以人民利益的满足为目标导向。马克思主义认为，人的需要具有现实性，受到经济基础决定，同时又高于现实，具有理想性。社会主义核心价值观培育要立足于个人的现实性与理想性。从社会层面看，形成社会共同信仰、道德体系，以维护社会秩序与运行。同时着眼于社会发展趋势，推进美好社会的发展。从个人层面看，意识形态培育不仅有利于为个人提供价值准则，还有利于个人的成长。社会主义核心价值观培育既要建立在现实需要基础上，又要着眼于未来发展需要。研究马克思主义需要理论，探讨社会主义核心价值观培育与人的需要之间的关系，是实现社会主义核心价值观认同的重要途径。

5. 马克思价值观理论

第一，马克思主义认为，“‘价值’这个普遍的概念是从人们对待满足他们需要的外界物的关系中产生的”①。价值是基于个人需要的衡量。马克思主义认为，人是现实的社会的人，具有现实的社会需要，“他们的需要即他们的本性”②。关系的产生就是客体用其所具有的属性满足主体需要的过程，是一种利益关系。利益是已经满足的需要，需要是没有得到满足的利益。唯物论认为，经济基础决定上层建筑，价值关系是一种利益关系。

第二，马克思关于价值尺度和真理尺度论述。从哲学层面讲，人的活动不仅追求价值，还要服从真理。人类在追求价值活动的时候，有一个前提条件，即遵循真理的尺度。马克思在提出人的活动的两个尺度概念后，要求人类按照价值尺度与真理尺度进行实践③。大学生社会主义核心价值培育要把握好价值尺度和真理尺度的关系。

第三，马克思关于个人价值与社会价值的关系论述。马克思主义认为，个人价值的实现途径是将自我融入社会中。“人们只有为同时代人的完美、为他们的幸福而工作，才能使自己也达到完美。”④ 短视频传播环境下大学生社会主义核心价值观认同培育要考虑到存在的个人价值与社会价值的关系，阐

① 马克思恩格斯全集（第19卷）[M]．北京：人民出版社，1963：409.

② 马克思恩格斯全集（第3卷）[M]．北京：人民出版社，1960：514.

③ 马克思恩格斯文集（第1卷）[M]．北京：人民出版社，2009：163.

④ 马克思恩格斯全集（第40卷）[M]．北京：人民出版社，2016：7.

述社会主义核心价值观本身蕴含着的社会价值和个人价值，以促进社会价值与个人价值共同发展。

第四，马克思关于物质价值和精神价值的双重关系论述。从两者关系看，物质价值是精神价值的基础，精神价值是物质价值的导向。从社会发展角度看，如果缺乏物质价值的基础，旧的价值观念就会重新争夺人心。人生也不能是一个纯粹追求物质价值的过程，没有了精神的追求，人就变成纯粹的自然存在物。因此，物质价值和精神价值是统一的。马克思关于物质价值和精神价值的论述为大学生社会主义核心价值观认同提供了价值目标，也为以社会主义核心价值观引领短视频健康发展提供了借鉴。

第五，马克思关于价值观阶级性论述。价值观受到社会制度的制约，有什么样性质的社会存在，就会有什么样性质的价值观。价值观无疑根源于经济制度，受到经济制度的影响，不同阶级拥有不同的价值观，抽象的超越阶级和现实的经济制度、历史的价值观是不存在的。反映社会存在和社会生活的价值观念具有鲜明的民族特性。恩格斯认为，“它或者为统治阶级的统治和利益辩护，或者当被压迫阶级变得足够强大时，代表被压迫者对这个统治进行反抗和争取他们的未来利益”①。马克思认为，在资本主义社会中，“作为纯粹观念，自由和平等是交换价值过程的各种要素的一种理想化的表现”②。在阶级社会中，人们总是从自己阶级地位实际关系出发进行生产和交换，并获得自己相应的价值。因此，不可避免，价值观具有阶级性，不同阶级有着不同的价值原则、价值规范和价值理想。因此，大学生并不是生活在真空之中，社会存在社会现实是以民族共同体的形式来表现的。

综上所述，马克思、恩格斯关于社会主义意识形态的相关论述从不同层面为研究短视频对大学生社会主义核心价值观认同影响研究提供了理论支撑，确立了正确的方法论原则。

（二）列宁关于社会主义意识形态认同思想

列宁的意识形态理论具有创新性，其基本理论和基本方法是对马克思主义理论的发展。对于研究短视频对大学生社会主义核心价值观认同影响具有重要借鉴性。

1. 意识形态领导权问题

“马克思主义者就与形形色色的脱离革命的人相反，现在和将来都必须坚持领导权思想”③。列宁强调掌握意识形态领导权对于捍卫马克思主义、完成

① 马克思恩格斯选集（第3卷）［M］. 北京：人民出版社，2012：471.

② 马克思恩格斯全集（第31卷）［M］. 北京：人民出版社，1998：362.

③ 列宁全集（第20卷）［M］. 北京：人民出版社，2017：111.

无产阶级革命具有重要作用。十月革命前，列宁强调要取得科学社会主义意识形态“领导权”，以奠定无产阶级政党的领导地位。十月革命后，列宁强调布尔什维克党应牢牢掌握文化领导权，提出发挥社会主义意识形态的领导功能，“不仅要争取和引导全体受剥削的劳动者跟着无产阶级的革命先锋队共产党走；要在反对剥削者的英勇忘我、坚决无情的斗争的进程中，启发他们，组织他们，教育他们，培养他们的纪律性；要使一切资本主义国家的这绝大多数人摆脱对资产阶级的依赖，使他们根据实际经验相信无产阶级和它的革命先锋队的领导作用”①。意识形态领导权的维护要求旗帜鲜明地与错误思想展开斗争。

2. 阐明“科学意识形态”概念

列宁在《唯物主义和经验批判主义》一书中提出了“科学的意识形态”概念。“在经验批判主义认识论的烦琐语句后面，不能不看到哲学上的党派斗争”②。意识形态的本质是其阶级性“无论怎么说，都是在维护资产阶级的利益”③。“科学意识形态概念”有利于区别马克思主义意识形态与虚假意识形态。

3. 意识形态的“灌输”理论

列宁在《怎么办?》一书中系统阐述了马克思主义“灌输”理论。“工人本来也不可能有社会民主主义的意识。这种意识只能从外面灌输进去。”④ 科学社会主义理论的灌输是抵御错误思想的重要方法。列宁还对科学意识形态灌输的主体提出了要求，他认为灌输的主体不仅是理论家，还应该是宣传员和鼓动员。列宁认为科学意识形态灌输的内容包括马克思主义理论、“政治自觉”等。列宁强调科学意识形态的灌输方法应将著作理论与实践结合，反对脱离实践谈理论，“决不是向他们灌输关于道德的各种美丽动听的言辞和准则”⑤。还要根据灌输对象的思想觉悟分层次灌输，要注重与日常生活相结合。

此外，列宁还重视拓展意识形态工作的空间和载体。他不仅强调应利用报纸、学校等传播媒体宣传社会主义意识形态。还要重视青年意识形态教育。列宁关于社会主义意识形态认同的相关论述把马克思主义发展到一个新的境界，其中所强调的意识形态理论应紧密联系实践的观点、利用各种途径和载体加强意识形态认同的观点、意识形态工作应坚持以人民利益和需求为重的

---

① 列宁选集（第4卷）[M]．北京：人民出版社，2012：235-36.

② 列宁选集（第2卷）[M]．北京：人民出版社，2012：240.

③ 列宁全集（第39卷）[M]．北京：人民出版社，1986：423.

④ 列宁选集（第1卷）[M]．北京：人民出版社，2012：317.

⑤ 列宁专题文集：论无产阶级政党 [M]．北京：人民出版社，2009：288.

观点具有借鉴性。

二、相关学科知识借鉴

(一) 社会认同理论

社会认同理论阐述了个体对群体的分类和认同如何影响其态度与行为。20世纪70年代，泰费尔提出社会认同理论，而后特纳又提出自我归纳理论，并对该理论进行补充与完善。社会认同理论是指个人从自我走向群体后，自我属性因群体属性而被再定义。换句话说，群体属性变成自我属性的一部分。从此概念界定进行分析，社会认同包含着个体区分和群体区分的双重含义。“它来自个人对自己属于特定社会群体的认识，这种群体成员的资格对他有某种情感的和价值的重要意义。”[①] 群体分类是社会认同理论的研究起点，分类会使个人主观上产生一种与他人共属群体的归属感。

社会认同理论对认同产生的过程进行了阐释。泰费尔提出社会认同的产生经历了分类、比较、区分这样三个基本的心理过程。[②] 社会认同的每一个过程都在认同形成过程发挥着促进作用。社会分类是社会认同的基础与逻辑起点，通过分类个体形成“内群”与“外群”的划分。社会比较则是由个体评价发展为群体评价的过程。泰费尔认为，人们通过群体比较和评价获得自我提升，并可能通过评价结果选择更好的群体。积极区分则是个体在群体比较维度上突出自己的特长表现出比外群体成员更多优势点以满足自尊需要。该理论具有借鉴作用，其中提到个体或群体的行为是基于个体的自我激励和自尊的需要。一方面，要促使个体认同转化为群体认同；另一方面，则要在价值观培育过程中重视群体的作用满足个体的需要。社会认同理论解释个体群体化的动因和过程，其逻辑起点建立在个人寄望于加入群体获得安全感。而核心价值观是凝聚群体的内核，是一个群体区别于其他群体的显著价值表现，也是群体成员间达成共识的价值观念和社会认同的前提。

短视频发展带来多元文化和多元价值观，也导致大学生在价值选择过程中感到迷茫。而社会主义核心价值观可以凝聚共识，使大学生产生群体归属感。

---

① ［美］迈克尔·休斯，卡罗琳·克雷勒．社会学和我们［J］．上海：社会科学院出版社，2008：179.

② Henri Tajfel. Social Psychology of Intergroup Relations. Annual Review of Psychology，1982，33：1-39.

（二）共情传播理论

共情是心理学研究的概念，也被称为同情、移情等。霍夫曼认为，移情有两种方式：一是对另一个人的替代性的情感反应，可称为“情感移情”；二是指一个人对另一个人的内心状态（思想、感受、知觉和意向）的认知觉知[①]。共情是有意识与无意识的综合反应。从心理学角度看，共情包括情绪共情和认知共情两个阶段，前者是指对他人情绪的情绪性反应，即产生和他人相似的情绪体验，后者是指理解他人情绪状态产生的原因[②]。共情成为融通受众心理的重要工具。人类对情感具有共通相似性经验，可以凭借移情能力，产生“共同情感”。共情是一种充分体会、感受他人心理状态的能力，共情的发生让人与人之间获得情感的共鸣，把“我”变成“我们”。同时共情是构建人类共同体的动力。斐迪南·滕尼斯认为，共同体是基于情感和记忆等自然意志而形成的一种有机实体，其中情感是共同体中人们得以维系团结的核心元素。[③] 共同情感成为融合不同个体与群体的动力。

短视频的情感属性为社会主义核心价值观传播注入情感动力，“情感共情快速起效，认知共情则更为持久，衰减速度低于情感共情”[④]。情感是维系政治合法性的重要工具，不同类型的情感在政治合法性建设中的作用不同。换句话说，情感既可以作为纽带维系合法性，同时也可以作为破坏性工具挑战合法性。

社会认同理论与共情传播理论从社会学角度为短视频对大学生社会主义核心价值观认同影响提供知识借鉴。但是社会认同理论与共情传播理论强调个体的、群体的、网络技术的、情感的作用而忽略了经济基础、社会制度的根本作用。因此，应辩证使用相关理论。

---

① 吴飞．共情传播的理论基础与实践路径探索［J］．新闻与传播研究，2019，26（5）：59-76+127.

② 陈武英，卢家楣，刘连启，等．共情的性别差异［J］．心理科学进展，2014，22（9）：1423-1434.

③ ［德］斐迪南·滕尼斯．共同体与社会［M］．林荣远译．上海：商务印书馆，1999：65.

④ 彭修彬．文化接近性与媒介化共情：新冠疫情中的数字公共外交探索［J］．新闻大学，2020（12）：76-92、121.

第二章　短视频对大学生社会主义核心价值观认同影响因素

短视频成为大学生接触的主要社交媒体，渗透到其认知与交流、生活与学习的方方面面，对大学生思想观念产生深刻影响。短视频发展普及也为社会主义核心价值观认同培育带来一些新的问题。本章从短视频对大学生社会主义核心价值观认同的积极影响和消极影响两个方面展开研究。概括而言，短视频对大学生社会主义核心价值观认同的影响可分为宏观影响、中观影响、微观影响，如图 2-1 所示。

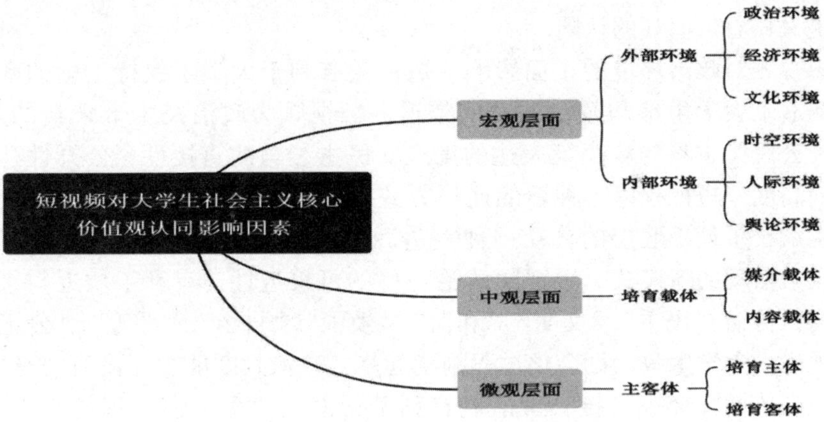

图 2-1　短视频对大学生社会主义核心价值观认同的影响因素

第一节　宏观层面：短视频对认同环境的影响

马克思主义认为，人既受到环境的影响，又会对环境产生反作用。从马克思主义的环境与人的关系来看，人的价值观形成容易受到环境的影响。而思想政治教育环境是与大学生密切相关的社会环境，是影响大学生社会主义核心价值观认同的重要因素。短视频、思想政治教育环境、大学生社会主义核心价值观认同三者之间存在着复杂的关系，短视频对思想政治教育环境的影响会直接或间接地影响大学生社会主义核心价值观认同。而思想政治教育环境中的政治环境、经济环境、文化环境与大学生社会主义核心价值观认同密切相关。大学生思想政治教育环境与大学生社会主义核心价值观认同培育环境之间存在着相似性。短视频对认同环境产生或积极或消极的影响，而良性的思想政治环境有利于促进大学生社会主义核心价值观认同，恶性的思想政治环境则可能阻碍大学生社会主义核心价值观认同。

一、短视频对外部环境的影响

短视频对环境的影响可分为积极影响与消极影响，影响性质不同对大学生社会核心价值观认同影响也不同。

（一）短视频对政治环境的影响

政治环境对大学生思想的形成、发展起着主导作用，有利于大学生养成良好的思想政治素质。同时政治环境中存在的消极因素，也会阻碍大学生对社会主义核心价值观的认同。

短视频对政治环境的正面影响。短视频有利于大学生保持正确的政治方向，畅通了大学生参与政治活动的渠道。短视频为政治民主带来新的契机，畅通了公民民主参与、决策表达的渠道，民主参与的直接性、公开性达到一个新的高度。短视频以一种新的连接方式提供了媒体的可供性与群体交流方式，也赋予了处于底层的公众一种表达诉求、群体聚集的方式，形成了公民参与政治活动的新模式。短视频政治环境的可接近性，有利于拉近与大学生的距离，传播“民主”“文明”“和谐”“爱国”“自由”“平等”“公正”等政治观念。大学生政治社会化过程刚刚起步，政治判断能力还没有完全形成，以短视频传播社会主义核心价值观有利于帮助大学生增强分辨是非的能力，区别政治环境中的良莠因素，吸收积极因素，自觉抵制不良影响。

短视频对政治环境的负面影响。短视频具有开放性，可突破时空的阻碍，使人与人之间的交往呈现出全球化、虚拟化、自由化的特征。开放性是一把双刃剑，为良好政治环境提供机遇的同时，也为国内外敌对势力进行意识形态的渗透提供了机会。各国价值观念在网络社会中传播，影响人们的思想观念与行为，带来政治环境中价值观念的多元化，一方面，会削弱主流意识形态的影响力，同样也会使意识形态为党和政府提供的合法性面临被削弱的风险。另一方面，短视频对多元思想的传播，会使人们对各种思想进行比较，人们面临着多种价值选择，造成政治价值观念冲突。特别是大学生有着求新求异的渴望，面临不同的价值观念、价值选择、价值判断，甚至会出现“一些人淡化意识形态，认为不管什么制度，只要能富国强民就是好制度”① 等错误思想，影响社会主义核心价值观认同、政治认同。

（二）短视频对经济环境的影响

作为大学生社会主义核心价值观培育环境系统的关键要素，经济环境不仅为我国思想政治教育奠定了经济基础，还对大学生价值观的形成、思想的形成具有根本性影响，人们思想观念的获得依赖于经济关系②。与大学生社会主义核心价值观培育相关的经济环境主要是指，“影响受教育者的思想品德和思想政治教育活动的社会经济制度和经济生活条件”③。社会主义分配制度、经济制度、经济生活条件、社会主义市场经济建设等因素，影响着大学生的思想和行为。

短视频对经济环境的影响是多方面的。短视频运作日渐平台化，在平台化运行逻辑下劳动方式、分配方式都发生了变化。短视频平台“催生了以脑力、精神和情感劳动为核心的创意劳动者，引发了从‘数字零工’到‘数字灵工’的劳动升级”④。平台经济下，劳动方式发生了变化，与外卖平台骑手相比，短视频平台劳动者属于“数字灵工”。“数字灵工”依赖于情感劳动。短视频平台通过人工智能技术将劳动者与消费者进行匹配，“流量”成为平台经济的密码。短视频平台生产方式的变化影响着分配方式，流量成为平台考核的唯一指标，平台的工作者经济分配基于“计流量制”。平台的经济运行方式与分配方式对大学生产生直接影响，以平等、自由、自愿的假象掩盖剥削真相，改变着大学生的价值观念与就业观念，有利于增强大学生的自主意识、平等意识、诚信意识。

短视频平台的垄断使平台经济出现“数字鸿沟”，不利于共同富裕的奋斗目标。短视频商业平台的资本运行逻辑，会使平台无序扩张，甚至发展到垄断阶段。平台垄断过程中呈现出的利益格局、利益矛盾也会影响大学生的心理、心态和价值取向。短视频平台产生的利己主义、个人主义、自由主义容易影响“平等”“公正”“敬业”等价值观念，不利于大学生对社会主义核心价值观的认同。“拜金主义把金钱看作人生的目标，奉金钱为人生成功与否的圭臬，人生的成功就在于拥有大量金钱，相反，没有金钱就意味着人生的失

---

① 杨立英，曾盛聪．全球化、网络化境遇与社会主义意识形态建设研究［M］．北京：人民出版社，2006：101.

② 马克思恩格斯文集（第9卷）［M］．北京：人民出版社，1999：9

③ 陈万柏，张耀灿．思想政治教育学原理［M］．北京：高等教育出版社，2015：104.

④ 刘战伟，李媛媛，刘蒙之．平台化、数字灵工与短视频创意劳动者：一项劳动控制研究［J］．新闻与传播研究．2021，28（07）：42-58+127.

败。拜金主义实际上就是货币拜物教。”① 拜金主义不仅会降低道德标准，损害社会风气，还会宣扬个体私利、享乐主义，使大学生沉浸在个体利益追逐中，而忽视了国家和社会的价值，从而阻碍大学生对社会主义核心价值观的认同。

短视频平台运作逻辑影响社会主义核心价值观认同。平台通过数据垄断、技术控制影响经济关系、上层建筑，实现从经济权力到政治权力的渗透。平台通过技术逻辑实现资本与技术的融合，遮蔽数据属于生产资料的真相，使平台的资本性掩盖在技术性之下，以平台的经济性、资源配置方式掩盖平台的资本本性。平台资本运作逻辑会冲击社会主义核心价值观主导地位。

（三）短视频对文化环境的影响

文化环境发挥着对大学生价值引导、性情陶冶、人格塑造的作用。“社会文化对思想政治教育有着广泛的影响，是思想政治教育重要的环境因素。”② 文化环境的人文性、社会性潜移默化地影响着大学生思想道德品德、价值观的形成。

短视频文艺形式为生动表达社会主义核心价值观提供了新的路径。随着短视频平台规模的不断扩大，其拥有了庞大的用户群，并逐渐形成了新的文化环境，具有自身的特征。短视频文化存在多样性，它是大众参与创作的娱乐文化的产物，体现了“去中心化”的媒介现象，形成了“去精英化”的文化现象。普通民众作为大众文化的主体参与到短视频的内容生产、传播过程中，赋予文化生活化、娱乐化特性，再通过短视频动态的、丰富的影像表达，使短视频文化成为一种流行文化。短视频以“微视角”传播社会主义核心价值观，使抽象的概念变得直观。

短视频娱乐特性使“好玩”“刺激”“出圈”成为内容选择的标准，扭曲了审美标准和价值标准。短视频传播的文化存在价值标准不清、是非不分、形式大于内容等问题。短视频促进了草根文化、亚文化、饭圈文化的流行，这些文化中包括的娱乐化特性，冲击主流文化的地位。主流文化的错位会造成各种错误思想的泛滥，真善美的标准也会随之错乱，使大学生难以形成正确的、规范的价值尺度。

---

① 郭彩霞．新媒体公共领域对社会主义核心价值观的认同［M］．北京：社会文献出版社，2021：163.

② 陈万柏，张耀灿．思想政治教育学原理［M］．北京：高等教育出版社，2015：106.

二、短视频对认同内部环境的影响

短视频发展改变着思想观念、思维方式、价值取向，思想教育环境日益复杂化，思想政治教育的内部环境主要包括时空环境、人际环境、舆论环境等。内部环境通过对大学生的感染、激励、鼓舞影响大学生社会主义核心价值观认同。

（一）短视频对时空环境的影响

“环境正是由人来改变的，而教育者本人一定是受教育的。”[①] 这一观点认为，人是受环境影响的，思想政治教育活动受到时空环境的影响，同时人的实践也对环境产生影响。大学生社会主义核心价值观培育的时空环境包括日常时空环境与教学时空环境。从时空特性看，大学生思想政治教育活动在一定时间空间对大学生进行培育。高校思想政治理论课常采取大班上课，容易忽略沟通交流和大学生的个性特点，也影响课堂讨论、参与式教学活动的进行，大学生进行课堂互动的积极性也有所限制。

马克思·恩格斯论述了不同时空环境对人的主体性的影响。首先，从时间与空间辩证关系来看，时间与空间是物质存在的基本形式。其次，空间的变化会影响人的主体性，“只要近旁的宫殿以同样的或更大的程度扩大起来，那座较小房子的居住者就会在那囚壁之内越发觉得不舒适，越发不满意，越发感到受压抑”[②]，特别是空间的变化与差异会影响人们的认知与感觉。最后，从时间与人的主体性关系来看，“时间实际上是人的积极存在，它不仅是人的生命的尺度，而且是人的发展的空间”[③]。

短视频重塑改变着大学生社会主义核心价值观认同培育的时空环境。首先，短视频改变着时间结构，短视频同时提供了两种沟通模式，既具有同步传播功能，还具有异步传播功能。短视频的同步性可以增强人们的去空间感，处在不同空间的人们通过短视频的同步性，实现同步交流。而短视频的异步传播功能，有利于大学生群体的互动。其次，短视频改变着空间结构。短视频可以通过手机进行传播，手机的移动性强，可使短视频超越空间的限制。总之短视频可以使人们时刻保持联系、更新信息，帮助双方在时间与空间之间移动，提供了无间断联系的可能性。短视频这种特性影响大学生社会主义核心价值观培育环境，一方面，超越时空限制，实现随时进行信息传送的可

---

① 马克思恩格斯选集（第1卷）［M］．北京：人民出版社，2012：138.

② 马克思恩格斯文集（第1卷）［M］．北京：人民出版社，2009：729.

③ 马克思恩格斯全集（第47卷）［M］．北京：人民出版社，1979：532.

能性，交流是同步的；另一方面，短视频的时空共存性，增强了交流的真实感，培育者与培育对象之间实现了共享。总之，短视频打破了时空的限制，使大学生社会主义核心价值观培育环境从固态转向流动，从单一变为多元，增强了交流的亲密感和联系感，丰富了交流的方式。

（二）短视频对人际环境的影响

短视频通过人际环境影响大学生的思想观念。大学生社会主义核心价值观培育的人际环境主要包括“家庭环境、学校环境、社会组织环境、社区环境、同辈群体环境”①。人际环境影响大学生交往与思想品德的养成，其中家庭环境、学校环境、同辈群体环境对大学生的影响具有直接性。社会组织与社区环境对大学生价值观的影响具有间接性，主要通过道德规范与习俗起着潜移默化的影响。

人际环境是大学生交往的产物，大学生的交往与学习既受到人际环境的影响，又改造着人际环境，“人的本质实质上并不是单个人所固有的抽象物，它具有现实性，表现为一切社会关系的总和”②。人际环境从不同层面发挥作用。首先，人际环境浸染着大学生，潜移默化地影响大学生“使自己的情操受到陶冶，意志得到锻炼，人格得以塑造”③。其次，人际环境对大学生价值观的影响具有全面性。人际环境是社会环境的一个缩影，复杂的社会环境中的关系在人际环境中呈现，人际环境是融政治性、文化性、思想性等因素于一体的，对大学生的影响是全方位的。最后，人际环境对大学生价值观的影响具有长久性。每一个大学生都生活在人际环境中，难以避免地受到人际环境的影响。因此，人际环境对大学生的影响是普遍的、长久的。

短视频会对大学生依赖的人际环境产生多方面影响。第一，短视频增强了大学生人际环境的开放性。短视频通过文字、图像、视频等方式参与到大学生人际交往中，成为人际交流的工具，它赋予交往新的特征、新的意义。短视频成为大学生交往的重要中介，扩大了大学生潜在的关系网，建立了新型的人际关系，使思想政治教育超出空间的限制。第二，短视频通过算法技术使人际环境具有封闭性。短视频具有选择性匹配功能，依赖算法技术对大学生交往对象进行匹配，选择潜在的伙伴关系。“将我们与那些拥有相似兴趣、信仰的人们连接起来，但我们却越来越少和那些与自己不同的人进行沟通。从社会层面上看，我们也许会发现自己正在回归到一种同族意识之中，依据种族、民族、意识形态的界限来寻找自己归属的群体，并且只选择去接

① 陈万柏，张耀灿．思想政治教育学原理［M］．北京：高等教育出版社，2015：99.

② 马克思恩格斯选集（第1卷）［M］．北京：人民出版社，2009：139.

③ 陈万柏，张耀灿．思想政治教育学原理［M］．北京：高等教育出版社，2015：112.

触那些我们的身份和信仰所认同的信息。”[①] 短视频对人际环境的影响也就决定了对大学生社会主义核心价值观认同影响的复杂性。

（三）短视频对舆论环境的影响

舆论环境在不同的语境下有不同的内涵，概括而言，“舆论环境，是指在一定的社会空间中形成的人们关于某一观念、认知、情感和意志的舆论氛围”[②]。舆论环境与思想政治教育关系密切。书中探讨短视频对舆论环境的影响，旨在分析短视频、舆论环境、大学生社会主义核心价值观培育三者之间的关系，是立足于思想政治教育环境前提下进行的研究，因此，采用狭义的舆论环境概念。

舆论环境与大学生之间存在着密切的联系，“产生强大的社会控制力量，监督、约束、控制群体中每个人的言行”[③]。舆论环境对大学生思想与行为的影响是复杂的。正面的舆论环境有利于促进大学生对社会主义核心价值观认同，对大学生的影响也是积极向上的，有利于大学生接受正确的价值观念、保持良好的精神状态。负面的舆论环境会对大学生社会主义核心价值观认同产生阻力，它是以谣言、反动宣传、伪科学等为主的环境。这类舆论包含着不健康的意识和思想，其传播的内容违背了社会主义核心价值观的要求，容易破坏社会秩序，甚至侵害国家安全。负面的舆论环境容易影响个体的精神因素，对主张正确意见的群体产生威胁作用。如果大学生身处此环境中，就会接触到消极错误的思想，对腐朽思想的辨别力也会下降，进而产生思想的混乱、群体的迷思，并导致越轨行为的发生。

短视频与舆论环境之间关系密切。短视频构建的舆论环境属于网络环境的子部分，是构成网络环境的重要组成部分。短视频是形成舆论的重要工具，很容易成为舆论热点的引领工具。短视频作为网络舆论的聚集地，其平台化、商业化催生出新的社交模式，一方面畅通大学生参与舆论建构的途径，另一方面由于传播内容的参差不齐，使舆论环境复杂多变。短视频成为“自媒体流量入口的生发地”[④]。商业思维、流量思维冲击社会主义核心价值观，消极的舆论环境无法引领大学生对事物的正确认知。

---

① ［美］南希·K. 拜厄姆. 交往在云端——数字时代的人际关系［M］. 董振宇，唐悦哲译. 北京：中国人民大学出版社，2020：38.

② 沈国权等. 思想政治教育环境论［M］. 上海：复旦大学出版社，2002：82.

③ 沈国权等. 思想政治教育环境论［M］. 上海：复旦大学出版社，2002：85.

④ 王长潇，刘盼盼. 网络短视频平台的场景演变及其舆论博弈［J］. 当代传播，2018（04）：16-18+27.

第二节　中观层面：短视频对培育载体的影响

思想政治教育要素与短视频传播要素之间存在同一性。短视频对大学生社会主义核心价值观影响的因素包括中观层面与微观层面。其中中观层面包括媒介载体和内容载体，微观层面包括培育主体与培育客体。短视频对大学生社会主义核心价值观认同各个要素的影响是复杂的。

一、短视频对媒介载体的影响

社会存在决定社会意识，社会意识也具有相对独立性，大学生社会主义核心价值观的培育既容易受到网络技术的影响，又有自身生成机制。短视频作为互联网技术延伸的同时作为精神文化内容生成传播的新工具，嵌入各个领域将价值观的传播从现实不断延伸到网络上，成为大学生价值观传播新阵地。

（一）短视频对媒介载体的积极影响

1. 短视频增强媒介载体接近性

短视频满足大学生审美需求，从技术角度讲，短视频拍摄功能操作简单，自带滤镜、贴纸元素，呈现人物形象美，满足大学生表达的欲望。[①] 互联网环境下，大学生接收信息的能力和习惯发生变化，具有可视性和互动性的短视频报道越来越受到大学生喜爱，短视频融合了字幕、音乐、特效等元素，不仅包括社交化场景，也满足了大学生“快阅读”的习惯，特别是满足了大学生对美的表达，抖音 APP 美颜、美体包括磨皮、瘦脸、大眼、美白等多种个性化美化功能，以及简单的一键美体功能，让大学生在镜头中充分表达自我，同时也欣赏短视频中定制好的人物形象。

2. 短视频增强媒介载体丰富性

传播载体的选择和使用在一定程度上决定着社会主义核心价值观培育的效果。短视频作为特殊的空间、载体和平台，是以符号化、信息化虚拟状态而存在，介体的虚拟性决定了短视频育人的虚拟特征。一方面，在培育大学生价值观过程中，主客体通常以声音、图片、视频等信息化虚拟方式出场，并不是传统意义上的身体在场。另一方面，主客体联系脱离现实生活、育人空间，更加依靠短视频联系、交往，在网络空间以虚拟方式进行思想交流、

① 徐炜炜，徐睿．大学生抖音使用状况的调研报告［J］．思想理论教育，2019（07）：83-87.

互动。此外，教育主客体关系也会因场景不同而发生变化，一方退出就会导致培育过程中断。这种虚拟性可以形成不同的培育情境，根据传播内容和大学生的需求及时切换场景、塑造场景，情境的选择犹如建造空间课堂，激发了大学生了解、掌握社会主义核心价值观的主动性、积极性。

3. 短视频增强媒介载体交互性

短视频以丰富的情景互动方式吸引受众，使个体间交流变得容易。短视频通过表演者与观众、观众与观众、观众与群体之间多层次互动形成互动剧场。区别于日常社会主义核心价值观培育，短视频不是通过单向灌输作用于大学生，而是通过互动交往的形式进行价值观传播。同时交往主体多元化，不再是个人对个人"点对点"式交往，个人与群体"面对面"式交往，而是塑造多种交往方式。具体表现为教育者"去主体化"和大学生"主体化"态势。"教育者也很难通过'信息过滤'的方式对教育对象施加'纯粹思想'的教育"①。社会主义核心价值观传播突破时空的限制，短视频分享、点赞、评论、转发、拍同款功能，使大学生及时、主动与教育者沟通，增强两者的互动性。

4. 短视频增强媒介载体连接性

短视频交往形式对空间界限的突破、人物形象的相对呈现，更易于价值观的形成。"互联网交流的相对匿名性，身体和非语词互动的缺失，减少了许多具体环境的限制，有助于人们相互间更加容易地形成共享的信念和价值观"②。短视频交往形式，超越了实体环境的限制，可以隐去在场环境的影响，使大学生能够自由充分地表达真实的心理活动，表达自己的价值信念和批评言论。

概言之，短视频带来教育资源的丰富，大学生在价值观教育中具备更多的选择权和自主权，具体表现为信息选择的自由、价值认同的自由，更好发挥主动性，参与到社会主义核心价值观培育过程中。

(二) 短视频对媒介载体的消极影响

短视频具有轻传播特性、流动性、碎片化等特征，传播的内容、方式都随之变化。短视频传播之轻与社会主义核心价值体系的厚重、时代性、继承性相互矛盾。

1. 短视频带来媒介载体流变性

短视频流变性成为一种支配力量。短视频传播过程中观点的呈现、事态

---

① 杨立英. 论网络思想政治教育的主客体关系特性与教育创新［J］. 思想理论教育导刊，2005（11）：60-65.

② 刘少杰. 网络化时代的社会结构变迁［J］. 学术月刊，2012，44（10）：14-23.

的演变，使流动具有强大的权力。传统社会相对静止的权力机构、处于中心地位的价值观受到挑战。短视频传播经验从局部演变为全球，这些会对社会主义核心价值观认同造成冲击。短视频在大学生面前展示出一个流动的、丰富的影像空间，造成在场事物同象征符号的分离，其呈现的信息、观点超越身体经历和在场事物。价值观传播的速度、广度、深度都已经发生了难以估量的扩展和提升。流变价值是短视频媒体的突出特征。“它成了‘永恒流动的形象’”①。流变性带来价值观的可变性、不稳定性会冲击社会主义核心价值观的稳定性。

2. 短视频形成媒介载体碎片化

短视频碎片化会带来多重碎片化。一方面，短视频轻传播特点消解人的主体性。“在网络化时代已经分裂为具有异质性、个别性或多样性的他者”②。短视频引发社会主义核心价值观传播碎片化危机。由于短视频时长有限，内容生产者要在最短时间内吸引用户注意，通常选取亮点凸显主要框架和结构，并强调重复最有冲击力的部分。这一做法注重呈现结论，却忽视细节和论证过程，影响社会主义核心价值观的内涵论证的理论性和理论认知的整体性。另一方面，短视频的加速等功能正以无限的速率进行解域的哲学追求。消弭大众化社会主体中心价值，带来零散生活指向。概括而言，短视频碎片化既是为了适应生活碎片的需要，也加速了主体的碎片化。短视频空间充斥着大量剪辑的影视作品，受众已经很难适应长视频，例如用40多分钟时间观看一集电视剧。

3. 短视频形成媒介载体的杂糅性

短视频“去中心化”特征建构起“消解权威”多元文化空间。短视频催生出一种社会圈层化、价值碎片化的文化景观，容易导致相对主义、功利主义、折中主义。短视频制作的方便性、进入的技术门槛低，使其成为用户表达多种诉求的“意见广场”。用户可以通过发布视频或在顶流视频下留言等方式发表自己观点。“数字化生存能使每个人变得更容易接近，让弱小孤寂者也能发出他们的心声”③，特别是在敏感时期、重大事件上，会出现多种声音，这既是短视频公共意见形成的基础，又为形成共识带来难度。短视频空间成为多种意见共存的场域，“‘意见领袖’与‘草根大众’并存，‘民间舆论场’

① ［英］怀特海．过程与实在——宇宙论研究［M］．李步楼译．北京：商务印书馆，2011：511.

② 刘少杰．网络化时代的社会结构变迁［J］．学术月刊，2012，44（10）：14-23.

③ ［美］尼古拉·尼葛洛庞帝．数字化生存［M］．胡泳，范海燕译．海口：海南出版社，1997：7.

与‘官方舆论场’互渗”①。社会主义核心价值观传播面对的是分散的、多元意见的个体，影响社会主义核心价值观培育的效果。

4. 短视频形成媒介载体的区隔化

短视频具有区隔化功能。技术具有偏向性“不同的技术特性会吸引不同类型的人群，也会形塑成员的行为模式”②。一定意义上产品的层级其实也是文化趣味的层级，趣味作为文化资本的一部分，对于社会阶层区隔也具有一定的作用。③ 因此，产品的层级形成社会阶层区隔。短视频平台聚集不同人群的影响力、社会资源、地位和声望不同，不同群体之间依赖网络连接钩织了具有不同形态和作用的关系网络，同时也集合不同层面的社会资本。而处于不同层级产品或平台可以给予的其成员的资本表现形式不同，用户会在平台上抱团形成阶层区隔，并选择不同层级融入列属不同层级的群体。短视频平台和产品类型形塑阶层区隔，影响社会主义核心价值体认同的针对性。短视频造成圈层化传播，作为关系传播媒体，公众通过短视频达成“强链接”和“弱链接”，最终形成社群短视频化，达成对社群的社会认同，形成利益群体社群化。社群认同造成群内偏好、群外偏见，持不同意见的社群在短视频空间各自为营，群际之间的交流几乎为零，大学生在短视频中通过地域、趣缘形成社群，社群的分裂不利于社会主义核心价值观凝聚。

短视频技术具有双重作用，一方面有利于创新社会主义核心价值观认同培育，另一方面短视频的流变性、碎片化也冲击社会主义核心价值观的整体性与理论性。

二、短视频对内容载体的影响

短视频迅速发展融入大学生生活各个层面，成为大学生信息认知、社交的工具，促进了大学生“视频化”生存。“一种新媒体的诸多优势最终会导致一种新文化的产生”④。这种文化特征表现在媒体传播内容上。短视频传播内容有与社会主义核心价值观相融的一方面，会相互促进，但也存在消极作用。

---

① 骆郁廷，余杰．论网络时空的思想互动及其引导［J］．思想教育研究，2021（06）：142-147.

② 彭兰．网络社会的层级化：现实阶层与虚拟层级的交织［J］．现代传播（中国传媒大学学报），2020，42（03）：9-15.

③ ［美］戴维·斯沃茨．文化与权力：布尔迪厄的社会学［M］．陶东风译．上海：上海译文出版社，2006：189.

④ ［加拿大］哈罗德·英尼斯．传播的偏向［M］．何道宽译．北京：中国人民大学出版社，2003：28.

（一）短视频对内容载体的积极影响

1. 短视频传播内容密集化对大学生信息接收方式的重塑

短视频的广泛传播，改变了大学生接收信息的方式和容量，使大学生习惯于接收高密度信息。短视频传播容量大，一个 30 秒短视频传达的信息量有时超过上千字。同时 5G 网络为即时传达高清视频提供了有力保障，短视频高清传播，可以更高效快捷地承载信息，适应当前快节奏的生活。短视频传播内容与大学生阅读习惯互塑，一方面，短视频使大学生形成碎片化阅读的习惯。另一方面，为迎合大学生对信息的要求，短视频会进一步精短。短视频内容生产者通过多种方式来提升信息密度，如短视频加速功能。同时竖版手机画面再细分为上、中、下三个区域，最大限度增加信息量。短视频时代信息传播的高密度性为阐述艰深议题提供了机遇，使艰深的议题日常化。社会主义核心价值观可以根据短视频特性进行“短”而“精”传播，切合大学生阅读习惯，拓宽大学生社会主义核心价值观传播途径。

2. 短视频传播内容差异化特征对大学生认知的影响

短视频拍摄主体多元，内容多样，包括知识咨询、搞笑段子、技能展示、影视作品剪辑等，传播风格轻松幽默。从类型看，传播内容包括理性内容和感性内容，既有利于吸引不同性格的大学生，还有利于使传播内容从感性认知上升到理性认知。感性认知是大学生对社会主义核心价值观的初步认识，理性认知则是上升到情感认同。短视频时代“内容越来越贴近大众的个人生活、个人情感和个性体验”①。短视频传播内容差异化，使大学生达成文化、理想信念层面的共识与共享。

3. 短视频传播内容情感化特征对大学生价值观认同的强化

短视频传播内容接近日常生活，内容多为用户身边的事，与大学生生活密切相关，有利于增强情感吸引力。一方面，传播情景与大学生生活、学习周边环境有着密切联系，拉近情感距离；另一方面，短视频传播内容具有高涵容性，由不同的形态构成，大学生被短视频吸引，参与到其中。此外，短视频是一种融合视觉与听觉元素的媒介形式，音乐与视频糅合营造了情感氛围，触发大学生情感因子，打造情感传播空间，大学生从中获得群体认同感与情感归属感。短视频增强社会主义核心价值观情感吸引力，有利于认同的转化。

---

① 喻国明，张超等．“个人被激活”的时代：互联网逻辑下传播生态的重构——关于“互联网是一种高维媒介”观点的延伸探讨［J］．现代传播（中国传媒大学学报），2015，37（05）：1-4.

（二）短视频对内容载体的消极影响

短视频传播内容存在过度娱乐化倾向，影响大学生社会主义核心价值观认同。短视频平台存在监管主体缺位，导致娱乐主义横行，从而影响大学生对马克思主义信仰和社会主义核心价值观的认知与认同。

1. 短视频传播内容娱乐化削弱社会主义核心价值观的思想深度

时空及环境的变化会影响大学生对社会主义核心价值观的认同。大学生的价值认同和价值选择具有流变性，会随着时间的变化而发生异化。短视频不是真空地带，同样充斥着各种价值观念、社会思潮和流行文化，会影响大学生价值的取向与判断。一方面，传播内容的娱乐化、感官性与社会主义核心价值观的思想性、逻辑性相矛盾。短视频是视觉形象，遵循感性逻辑，社会主义核心价值观是理性，强调理性思维和思辨能力。另一方面，短视频为了获得流量经常对政治、经济、社会等新闻进行娱乐化解读，破坏新闻严肃性。此外，短视频除满足大学生感官刺激和情绪宣泄之外，还让大学生日渐失去严肃思考和理智批判的能力。

2. 短视频传播内容娱乐化削弱社会主义核心价值观的系统性表达

短视频宣扬娱乐化价值，追求暂时的快感。正如尼尔·波兹曼在《娱乐至死》一书中所述，“我们的政治、宗教、新闻、体育、教育和商业都心甘情愿地成为娱乐的附庸，毫无怨言，甚至无声无息，其结果是我们成了一个娱乐至死的物种”。短视频过度追求表面的娱乐，忽略了深刻的价值追随，短视频传播中，社会主义核心价值观的宏大叙事存在被“泛娱乐化”解构的风险。“审美取向感官化，价值取向虚无化，政治取向戏谑化，道德取向去崇高化。”① 短视频传播内容多关注娱乐新闻，或是日常呈现，折射出拜金主义、享乐主义、个人主义等思想潮流，会影响社会主义核心价值观系统性、完整性。此外，短视频承载信息简单，往往通过浅表化符号与戏剧性表达方式，建构了一种后现代式的“狂欢化奇观”。短视频以传播快餐文化吸引大学生兴趣，也符合去逻辑性等生活化趋势，但容易偏离社会主义核心价值观的系统性与深刻性。

3. 短视频传播内容娱乐化削弱社会主义核心价值观的理性表达能力

短视频传播思想的“稀缺性”成为一个核心问题。短视频使用户习惯于接受高强刺激的符号，“那些需要反复琢磨、回旋思考的信息，因为在短时间

---

① 追寻意义，走出“泛娱乐化”——我们需要什么样的历史观［N］. 人民日报，2015-08-14（05）.

内造成的冲击力不够强烈，就更难以博得用户的注意”①。社会主义核心价值观在短视频平台传播面临着两难困境：如果迎合短视频空间流量法则，一味地满足用户需求，则会变得低俗化、庸俗化；如果采用传统的说教，既与短视频“短”而“精”的要求相违背，又难以做到传播内容和短视频载体的融合，更难以进入大学生用户的认知层面。短视频传播内容多数来自日常生活的记录，如果大学生不主动搜索社会主义核心价值观传播内容，也不被算法推荐，社会主义核心价值观在短视频传播中就面临被边缘化的风险。如果不进行引导，大学生社会主义核心价值观认同的培育就会陷入困境。

第三节　微观层面：短视频对培育主客体的影响

从培育的不同构成要素看，培育的主客体是思想政治教育效果能否实现的关键因素。短视频对培育主体与培育客体的影响也是多层面的，一定程度上决定了大学生社会主义核心价值观认同效果能否顺利达到。

一、短视频对培育主体的影响

短视频改变信息生产、传播、接收的方式，创造新的思想政治教育空间。短视频使培育主体呈现出多样化、虚拟化、节点化、个体化等特点，从而对社会主义核心价值观培育带来多方面影响。

（一）短视频对培育主体的积极影响

短视频带来移动互联网技术的下沉，不同群体、用户都通过短视频表达自我需求，同时带来传播权利平等性，个人传播力被激活，平民大众成为视频主角，每个人都参与到短视频空间信息生产、交换、分享的过程中。短视频通过媒介赋权，带来传播权利均等化，使用户拥有了充当传播者的机会，参与到社会主义核心价值观的培育中，形成丰富且话语平等的思想政治教育方式。社会主义核心价值观传播者由思政课教师、辅导员等扩大为人人可参与传播。

1. 短视频使培育主体多元化

短视频通过媒体赋权使公众皆有成为传播主体的可能，传播主体呈现出多元化趋势。“在短视频平台上，任何人都有可能成为教育主体，向社区平台

---

① 李蕉，王博伟．短视频时代思想政治教育的危与机［J］．思想理论教育，2020（06）：76-80.

分享信息、表达观点、传递知识”①。参与思想政治教育的主体不断扩大，不仅包括高校教师，还包括专家、学者、网红、朋辈。短视频空间生产者可分为组织化生产者、半组织化生产者、个体生产者。与此同时，教育关系由传统的管束关系转化为可自由选择的多种类型，主客体关系趋向平等。

2. 短视频拓宽朋辈交往的渠道

短视频为大学生朋辈群体提供交往、交流的平台，来自不同区域、不同院校的大学生通过短视频相识、相交。朋辈群体“是指由家庭背景、年龄、爱好、特点等方面接近而形成的关系比较密切的群体”②。朋辈之间的影响是直接的，短视频“朋辈学习”激活了思想政治教育的新领域。短视频从强连接与弱连接两个方面加强朋辈之间的交往与联系。一方面，短视频通过算法根据地点、通信录等信息使原本认识的大学生在新的空间进行互动；另一方面，算法可通过浏览内容、注册信息使不相识的大学生在短视频空间形成弱连接。短视频从强连接和弱连接两个层面对大学生产生影响，从而改变大学生价值观与行为③。在短视频平台，大学生通过朋辈之间拍摄的正能量的短视频产生共鸣。

3. 短视频增强培育主体的可视化

短视频具有日常化、素人感特征，增加传播方式情感接近性。短视频空间呈现的多人多样的生活原生态，不加修饰地呈现生活，展示简单、朴素的生活质感，带来了新鲜感。平凡人在短视频空间呈现自己生活，这种呈现具有双重交往意义。一方面，通过展示在虚拟空间，与观看视频的用户进行交流；另一方面，他人的围观让自我感受到生活的独特性，也是自身的交往对生活意义的感悟。换言之，视频呈现让平凡的个体体验到自己的价值，“在一个更广阔的世界里重新发现和认识了自我。”④ 短视频设置了低门槛，成为“广谱”的媒体，平凡人可以在短视频空间有话语权，获得存在感，以及对生活意义的感知。“在视频平台上流动的无数视频，成为社会的‘毛细血管’”⑤。对于沉浸在短视频中的用户来说，短视频就是生活，是生存方式。此外，短视频让用户看到不同于自己的社会群体及其生活方式，破除圈层之间的限制。

---

① 李蕉，王博伟．短视频时代思想政治教育的危与机［J］．思想理论教育，2020（06）：76-80.

② 陈万柏，张耀灿．思想政治教育学原理［M］．北京：高等教育出版社，2015：114.

③ 商丹，朱喆．基于新媒体交往方式的大学生网络思想政治教育创新［J］．学校党建与思想教育，2014（17）：69-71.

④ 彭兰．视频化生存：移动时代日常生活的媒介化［J］．中国编辑，2020（04）：34-40+53.

⑤ 彭兰．视频化生存：移动时代日常生活的媒介化［J］．中国编辑，2020（04）：34-40+53.

4. 短视频带来培育主体虚拟化

短视频空间传播者真实身份隐藏于屏幕之外，变得虚拟化。传播主体虚拟化改变了社会主义核心价值观教育者和教育对象的多重关系。短视频改变了教育关系，“使教育者与受教育者之间的区隔变得模糊，有时内容生产者和接受者之间身份可以相互转换”①。培育主体虚拟化有利于淡化传统的师生之间的关系，使师生关系变得平等。

（二）短视频对培育主体的消极影响

主流价值观是价值观体系中占据主导地位的价值观，但是短视频平台上具有无数个依赖中心存在的节点。短视频去中心化造成“把关”弱化，主流价值观和非主流价值观同时存在，同时传播主体存在短视频空间议程设置能力不足的现象。

1. 培育主体把关弱化

短视频空间社会主义核心价值观的传播者包括主流媒体、政务媒体、机构媒体、高校媒体等，各主体之间存在共振不足的问题，传播合力难以形成。一方面，短视频传播中传播者和受众的身份界限不再明显，每个网民都在一定程度上掌握着建构权力，信息源多元化，未经“把关”的思想观点、思维方式充斥短视频。主流价值观是价值观体系中占据主导地位的价值观，但是短视频平台上具有无数个依赖中心存在的节点。也就是说，每一个用户都构成一个自主性的节点，去中心化造成“把关”弱化。另一方面，各种利益群体在短视频空间争夺话语权、行动权，引发“权力圈地”。社会主义核心价值观传播主体由于缺乏统一的集合的平台，传播渠道和内容难以形成合力，影响传播主体的把关能力，也影响大学生对事物的判断力。

2. 培育主体议程设置能力不足

党的组织、团组织、高校和主流媒体构成短视频空间社会主义核心价值观的重要传播主体。短视频空间存在一些非主流价值观的传播，一些网红借助流量成为新的意见领袖，引导设置短视频空间的话题。由于大学生自身价值观还不完善，缺乏价值观辨别能力，其好奇心和求新、求异的思维，容易受到非主流价值观的吸引。一方面，主流媒体进驻短视频平台，以制衡平台经济性更好发挥公共性。但是主流媒体传播的内容倾向于集体主义，短视频发布内容还倾向于以国家利益、社会利益、集体利益统筹个人利益，视频内容多宣传爱国、诚信、友善等社会主义核心价值观念。传播内容与短视频获

---

① 李蕉，王博伟．短视频时代思想政治教育的危与机［J］．思想理论教育，2020（06）：76-80.

利本性存在冲突，难以获得用户的认同和算法推荐。另一方面，传播主体在传播过程中，忽视大学生的性格特征和利益需求，使设置的议程与大学生的需求之间存在差异，难以达到良好的传播效果，对引导大学生主流价值观认同带来困境。

3. 培育主体的多元导致价值观多元

短视频空间传播者拥有不同的经济、社会地位，带来复杂价值观环境。短视频作为意识形态呈现空间，反映经济变革及其导致的政治和文化系统的变革，因此短视频空间价值观念多元，实用主义、拜金主义日渐盛行。短视频传播主体多元，多元的主体带来多元文化、多样思潮。短视频融汇了主流文化、大众文化、精英文化多重社会阶层文化内容。短视频制作主体多元，包括普通群众，也包括学者、企业家、艺术家等社会精英，有政府主流官方媒体发布的主旋律视频，也有一些商业媒体、网红、网民传播的劣质视频。传播者通过不同网络文化符号，在虚拟世界中不断进行自我复制和变异，最终形成多元文化生态。多元传播主体带来的多元价值观，也会影响社会主义核心价值观引导力。

概括而言，短视频呈现不同阶层、不同年龄的受众的价值观念、生活态度。传播过程中每一个用户都是一个信息源。不同的价值观念、精神信仰、生活方式在短视频空间呈现。每一条信息都可能引发共振，从而开创一种新的信息裂变式或病毒式传播路径，造成信息泛滥和信息污染。网络舆论事件中，许多问题没有解决的过程，反而会出现一些消极言论和评价，造成大量的、不真实的、带有个人情绪的信息在短视频虚拟空间传播，容易影响大学生思想。特别是一些网红、意见领袖公共责任淡薄，会恶意传播信息，容易“影响大学生对社会主义核心价值观的关注度和认同度，造成大学生自身价值选择模糊化”①。

二、短视频对培育客体的影响

短视频已经全面渗透到大学生日常生活中，不仅有利于发挥大学生主体性、能动性，为大学生参与社交提供技术可能，同时还传播多元思潮，对大学生价值观的形成造成干扰。思想政治教育者要充分分析短视频对大学生的影响，并从多个方面做好引导。

① 于安龙，刘文佳．微文化对大学生社会主义核心价值观教育的影响及对策［J］．中国青年研究，2014（11）：107-111+97.

（一）短视频对培育客体的积极影响

短视频作为普遍化应用，对大学生的影响是多方面的。以视频化为特征的信息传播方式改变重塑了整个社会面貌，也改变了大学生的生存方式，引发其价值观生成、变化。在短视频对大学生社会主义核心价值观认同影响中，传播对象特指大学生。

1. 短视频成为大学生自我认同的手段

对于用户而言，短视频不仅是信息载体，更是一种新的生存方式。短视频增加了大学生“现身”媒介的机会。人的交往受制于现实社会，“人们是现实的、从事活动的人们，他们受自己的生产力和与之相适应的交往的一定发展——直到交往的最遥远的形态——所制约”①。短视频激活了以个人为基本单位的传播格局，重新分配社会话语权。短视频赋予大学生获得声望的机会，依托于短视频，大学生获得了网络空间话语表达权，他们的话语力量日渐被激活。数据化生存方式重新定义了大学生身份，使之从思想政治教育定位的受教育者转变为信息传播者、议程设置者。短视频空间的平等性，赋予每个用户参与视频分享、创造的机会，推动大学生主体地位和自由权实现。作为思想政治教育对象的大学生，不仅仅是信息的消费者，更是信息的创造者和分享者，其主体性被激活，表达权利的能力大大增强。大学生通过评论、点赞、转发等功能感受到线上线下、网络与现实的有机互动，增强内心的成就感和自豪感。在这个过程中，大学生的个性需求得到满足，激发出他们参与社会主义核心价值观传播的欲望并在传播过程中实现自身价值。

2. 短视频拓宽大学生社会交往途径

短视频创作了一种虚拟与真实相融的交往方式。“移动平台的视频表达为普通人在网络世界的话语权的快速上升提供了可能，也大大提升了普通人在网络世界的存在感。”② 活跃在短视频空间的人物是丰富的，包括不同年龄、不同职业的用户，大学生可以从中看到同龄人、偶像。短视频空间传播内容也是多层次性的，如哔哩哔哩平台提供丰富、多元的学习课堂，其中的各种趣缘群体为大学生提供丰富知识和群体归属感。同时，在传统思想政治教育环境下，老师与学生关系是固定化的，学生参与互动的方式也有限。短视频的虚拟化传播可以做到传播主体的虚拟在场，拉近两者之间的距离，有利于情感互动与对教育者的认同。短视频带来的不只是熟人之间的虚拟空间交往，还可以对个人提供情感和群体支持，帮助大学生减少孤独感。这种交往是虚

① 马克思恩格斯文集（第1卷）［M］. 北京：人民出版社，2009：524-525.

② 彭兰. 移动视频：一种手段、多种表达［J］. 传媒观察，2020（07）：5-12+2.

拟的，也不会带来心理上的负担，社交成本低。总之，短视频带来的在场感和陪伴感，丰富了大学生社交方式，也为社会主义核心价值观融入短视频带来契机。

3. 短视频重塑大学生认知模式

短视频在用户间自由传播、平等对话的连接方式从根本上改变了大学生认识自我、了解世界的认知模式和参与实践的模式，最终影响大学生自己的价值实现能力。“数字化生存天然具有‘赋权’的本质”①。短视频赋予大学生尊严与获得感，大学生在社会权力结构中，属于依附者。大学生的能动性、创造性在短视频空间被激活、挖掘、聚合，个体跳脱出组织框架外成为独立的社会行为体。他们一旦获得大量粉丝和关注度，就能实现个体智能和影响力的“变现”。短视频“赋予个人的不只是话语权，还有个人生存发展的社会资源与物质基础，因之普通人的个人生存被赋予更多可能性”②。另外，大学生作为一个群体，现实中属于不同学校，学校、地域成为区隔大学生交往的围墙，但是短视频打破了特定场域，原本分散的大学生在短视频空间聚合、放大，产生群体协调效应，大学生的自我存在感加强，有利于群体的凝聚力。

4. 短视频成为大学生自我建构方式

大学生用短视频展现自己的生活是一种自我建构方式。短视频促成大学生多个层面的建构，以其数字技术特性使大学生完成个体自我、关系自我、集体自我的建构。③ 抖音、快手等平台为大学生视频化生存提供空间。大学生通过拍摄短视频主动建构自我，通过美颜、滤镜、音乐，以及短视频虚拟头像等功能完成形象建构。这种建构是依据大学生的兴趣爱好等作为参照完成的，是大学生在虚拟空间对自我的一种定义。这种定义或者与真实自我一致，或者背离真实自我，具有建构方式多样性特征。

短视频赋予大学生一种新的认知、交往途径，有利于大学生主体性的发挥，从而有利于发挥短视频的中介作用，吸引大学生主动参与到社会主义核心价值观培育过程中。

---

① 喻国明，马慧．互联网时代的新权力范式：“关系赋权”——“连接一切”场景下的社会关系的重组与权力格局的变迁［J］．国际新闻界，2016，38（10）：6-27.

② 严峰．“技术赋权”范式下新媒体用户图像话语权的建构［J］．当代传播，2017（03）：74-76.

③ 彭兰．“数据化生存”：被量化、外化的人与人生［J］．苏州大学学报（哲学社会科学版），2022，43（02）：154-163.

（二）短视频对培育客体的消极影响

短视频满足大学生情感、社交需要，让大学生沉溺于娱乐视频中，在丰富多彩的短视频空间流连忘返，价值观也容易受到享乐主义、自由主义的侵蚀，背离社会主义核心价值观要求。

1. 短视频构筑大学生圈层化生活

青年在短视频空间的行为模式和思维动态，深受主流社会心态的影响，互联网在扩大青年社交网络的同时又形成新的群体隔离，青年在社交网络空间中确立了与主流社会并行的文化和社会交往空间。互联网技术的快速发展、社会信息获取和处理手段的变革，使青年社会化过程和结果的不确定性大大增加。① 短视频空间，相同或相似的人通过视频发现彼此的存在，结成自己的圈子，使个体生活汇聚成群体生活，全国各地各个高校大学生会因为相同的年龄、相似的生活经历在短视频空间发现自己，相互关注，形成圈子。这个圈子也会根据地缘、趣缘进行分层，形成“圈层化”。“圈层化”一方面使大学生疏离现实社交，另一方面使大学生形成思想、价值固化。

2. 短视频容易造成大学生现代性信仰危机

短视频的逐利性是经济罗格斯主义的体现，“市场经济的全球化扩张和由之而生的经济理性对人们日常生活日益强大的宰制性作用，则是现代信仰危机的实质性根源和社会背景”②。短视频受到经济利益的驱使，造成对社会主义核心价值观念的物力挤压。短视频技术的现代性造成的价值危机，使理想和精神价值被实在化、物化。大学生容易受到罗格斯主义的影响，割裂经济利益与社会利益、个人价值与社会价值的关系。

3. 短视频多场景容易引起大学生焦虑

短视频具有场景交融特征，可激活交往。在短视频编织的关系网络中，实在的身体与物理空间障碍被超越。用户不是被圈定在固定空间、特定时间中，而是通过视频提供的线索，编织自己的社会关系。短视频场景交融，连接起不同场景，激活不同群体之间的话语表达、身份认同、相互交往，场景流动又引发大学生焦虑。短视频融合线上与线下、虚拟与现实、公域与私域、历时与共时场景的交叠。人、技术、场景之间互相建构，新的场景不断衍生。大学生需要在不同场景中确认、调适自我，以适应新的场景。场景的多变、复杂让大学生产生不安全感，超出大学生经验，需要不停地寻找归属感与认同感。

---

① 李春玲．社会变迁背景下中国青年问题研究［N］．中国社会科学报，2017-05-16（6）．

② 万俊人．信仰危机的“现代性”根源及其文化解释［J］．清华大学学报（哲学社会学版），2001（01）：22-29.

4. 短视频使大学生疏离现实交往

当前，大学生是短视频传播的绝对主体和最活跃用户群。大学生正处于人生蜕变期，有了一定自由成长的空间，同时也面临学习、生活、人际交往、就业等方面压力，很多人患上了“下课沉默症”“寝室宅居症”等，人际交往变得疏离。短视频即时性、个体化、交互性的特点迎合了大学生心理需求，畅通了交往渠道。“虚拟交往”成为大学生抒发情感、平等互动的平台。手机、平板电脑等便携式电子设备成为大学生离不开的工具，也为大学生观看、发布短视频提供了便捷途径，而短视频则成为大学生交往、娱乐的平台。短视频互动方式的虚拟性，使政府、媒体、社会、高校与大学生的互动，从现实生活转移到短视频场域中，由人与人面对面交流转变为通过手机等电子设备的隔空交往。短视频带来的视频化生存丰富了大学生社交生活，提供了虚拟、半在场社交，但也造成大学生现实交往的缺乏。总之，短视频塑造了新的思想政治教育空间，对传统的大学生价值观培育提出挑战。

短视频成为思想政治教育新阵地，而当前大学生使用短视频情况、短视频对社会主义核心价值观的现实影响是一个需要考虑的问题。

第三章　短视频对大学生社会主义核心价值观认同影响现状

大学生是社会主义核心价值观培育的重点对象。我们通过相关问题设置和问卷调查了解大学生社会主义核心价值观的认同现状、大学生对短视频使用情况、短视频对社会主义核心价值观认同的影响等问题。研究中，对不同地域不同层次高校进行问卷调查，共发放问卷 7923 份，收回有效问卷 7789 份，有效率为 98.3%。

第一节　短视频对大学生社会主义核心价值观认同影响的调查基本情况

本次调查选取东、中、西部地区 11 所公办普通高等院校在校大学生，包括专科院校、本科院校，调查对象包括专科生、本科生、硕士研究生、博士研究生。运用随机抽样的方法进行问卷调查。从受调查者的性别、专业、年级分布情况看，具有较好的代表性。通过随机抽样与非随机抽样方法对 11 所高校学生通过问卷星平台进行发放，兼顾文理分科、年级分布。其中分布选取双一流高校 2 所、普通本科院校 6 所、民办本科院校 1 所、高职院校 2 所。

一、调查对象

问卷设计完成后经过 100 名同学的现场答卷，除个别题干表述修改后，问卷基本稳定，修改后进入数据实际测量阶段。为保证此次调查数据的客观性、广泛性、代表性，选取东、中、西部地区 11 所有代表性的高校。

（一）学校因素统计结果

经调查，掌握了调查对象的学校构成因素基本数据（见表 3-1）。从调查对象分布情况来看，学校层次方面涉及双一流高校、普通本科院校、民办本科院校、高职院校。专业覆盖文史、理工类 13 类学科，因军事学学科的特殊性，本调查中未显示，同时考虑到与课题学科的接近性，单列了马克思主义与思想政治教育一类别。学历覆盖专科、本科、研究生。从年级分布情况看，覆盖在校生的各个年级阶段。样本总体具有高覆盖率与广泛代表性。

表 3-1　短视频对大学生社会主义核心价值观认同影响调查学校因素统计结果

学校因素	类别	样本数量	百分比
学校层次	双一流高校	1354	17.4%
	普通本科院校	4108	52.7%
	民办本科院校	500	6.4%
	高职院校	1827	23.5%
专业	哲学	68	0.9%
	经济学	465	6%
	法学	715	9.2%
	教育学	565	7.3%
	文学	624	8%
	历史学	105	1.3%
	理学	1173	15.1%
	工学	2251	28.9%
	农学	242	3.1%
	医学	67	0.9%
	管理学	683	8.8%
	艺术学	337	4.3%
	马克思主义与思想政治教育	494	6.3%
学历	专科	1911	24.5%
	本科	5283	67.8%
	硕士研究生	446	5.7%
	博士研究生	149	1.9%
年级	一年级	3951	50.7%
	二年级	2204	28.3%
	三年级	1277	16.4%
	四年级	357	4.6%

（二）家庭因素统计结果

家庭情况主要考虑家庭所在地、是否独生子女、月消费水平因素（见表3-2）。从家庭所在地情况看，覆盖大中城市、县城、乡镇、村庄，涵盖基本生源地。是否独生子女、月消费水平用于分析家庭成员和间接家庭收入。家庭所在地、是否独生子女、月消费水平三个因素使数据具有代表性，可分析家庭因素对大学生使用短视频情况影响及对社会主义核心价值观认同影响。

表 3-2　家庭因素统计结果

家庭因素	类别	样本数量	百分比
家庭所在地	大中城市	1682	21.6%
	县城	2631	33.8%
	乡镇	1438	18.5%
	村庄	2038	26.2%
是否独生子女	是	1925	24.7%
	否	5864	75.3%
月消费水平	1000 元以下	1909	24.5%
	1000-2000 元	5261	67.5%
	2000-3000 元	489	6.3%
	4000-5000 元	58	0.7%
	5000 元以上	72	0.9%

（三）个人因素统计结果

个人因素将民族、性别、政治面貌、是否学生干部、成绩排名纳入统计中（见表3-3）。通过充分的人口数据学分析，对在校大学生基本特征有了客观性描述。是否学生干部、成绩排名符合现实情况，样本选择具有代表性，符合现实情况分布。

表 3-3 个人因素统计结果

个人因素	类别	样本数量	百分比
民族	汉族	6956	89.3%
	壮族	22	0.3%
	藏族	110	1.4%
	回族	326	4.2%
	满族	34	0.4%
	维吾尔族	18	0.2%
	其他民族	323	4.1%
性别	男	3302	42.4%
	女	4487	57.6%
政治面貌	中共党员	676	8.7%
	共青团员	5683	73%
	群众	1430	18.4%
是否学生干部	是	2328	29.9%
	否	5461	70.1%
成绩排名	前 20%	2326	29.9%
	21%-40%	2503	32.1%
	41%-60%	1736	22.3%
	61%-80%	833	10.7%
	81%-100%	391	5%

(四) 生活因素统计结果

大学生生活状态信息中，通过对大学生每天社交软件使用时长、参加学校社团活动频率、是否有明确的人生目标、对现在生活满意度、是否有社会兼职工作经历进行调查研究，从而对大学生基本情况的了解从基础信息扩展到媒介使用、社会实践、理想目标、现实满足感，客观又深入（见表 3-4）。

表 3-4 大学生生活因素统计结果

生活因素	类别	样本数量	百分比
社交软件使用时长	1 小时以下	653	8.4%
	1-2 小时	2263	29.1%
	3-4 小时	2400	30.8%
	4-5 小时	1113	14.3%
	5 小时以上	1360	17.5%
参加社团活动频率	经常	1454	18.7%
	一般	3409	43.8%
	偶尔	2328	29.9%
	从不	598	7.7%
是否有明确的人生目标	是	5214	66.9%
	否	2575	33.1%
对现在生活的满意度	非常满意	806	10.3%
	满意	2790	35.8%
	一般	3507	45%
	不满意	561	7.2%
	非常不满意	125	1.6%
是否有社会兼职工作经历	是	4586	58.9%
	否	3203	41.1%

从调查数据看，大学生呈现出一些整体特点：

第一，大学生存在社交媒介依赖性。从社交软件使用情况看，91.6%的大学生每天超过 1 个小时在使用社交媒体。其中 29.1%使用 1-2 小时，30.8%使用3-4 小时，14.3%使用达4-5 小时，而每天使用时间超过5 小时的大学生占比 17.5%。从总体数据看，大学生每天线上活跃时间较长。

第二，大学生注重参加实践活动。参加社团活动的比例达 92.3%。其中，18.7%的大学生经常参与社团活动，43.8%的大学生参与社团活动频次一般，29.9%的大学生偶尔参与社团活动，7.7%的大学生从不参与社团活动。58.9%的大学生拥有参与社会兼职工作的经历，41.1%的大学生不曾参与社会兼职工作。

第三，大学生生活状态总体较好。66.9%的大学生有明确的人生目标，

46.1%的大学生对当前生活满意。同时也要注意到其中存在的问题，33.1%的大学生没有人生目标，7.2%的大学生对现在生活不满意，1.6%的大学生对现在生活非常不满意。

二、调查内容

本书采用定量调查研究方法，使用自行设计的《短视频与大学生社会主义核心价值观认同调查问卷》（见附录）。问卷由个人基本信息、短视频与社会主义核心价值观研究两部分组成，其中第一部分17道题，第二部分62道题。内容主要包括大学生基本情况，如个人情况、家庭情况、生活状态；大学生短视频使用现状，如每天观看短视频的时间、经常使用的短视频平台、观看短视频来源等；短视频认知情况，如对短视频评价、对短视频APP感兴趣程度、感兴趣的短视频类型，短视频对大学生的影响；短视频对大学生社会主义核心价值观的影响，短视频对社会主义核心价值观的影响层面、正面影响、负面影响等。通过问卷调查，了解短视频对大学生社会主义核心价值观认知、情感、意志、实践四个层面的影响。

第二节　短视频对大学生社会主义核心价值观认同影响的调查结果分析

借助问卷调研数据分析，进一步了解了现实情况。其中对大学生的短视频使用情况、大学生社会主义核心价值观认同的渠道及现状、短视频与大学生社会主义核心价值观认同的关系等问题有了深入的了解，特别是明晰了短视频对大学生社会主义核心价值观认同的积极影响、消极影响。

一、大学生社会主义核心价值观认同现状分析

（一）大学生社会主义核心价值观认同的总体观照

问卷设计围绕大学生对社会主义核心价值观的认知认同、情感认同、意志认同、实践认同展开（见表3-5）。

表 3-5　大学生社会主义核心价值观认同统计结果

选项	类别	样本数量	百分比
社会主义核心价值观与社会主义核心价值体系的关系	两者有区别	5949	76.4%
	两者无区别	593	7.6%
	说不清	1247	16%
大学生是否有必要记住24字社会主义核心价值观	完全没有必要	638	8.2%
	一般	602	7.7%
	有点必要	841	10.8%
	非常有必要	5708	73.3%
对社会主义核心价值观的认知	仅知道名称	814	10.5%
	能完整表述	2158	27.7%
	内化为情感	1307	16.8%
	自觉践行	3510	45.1%
新时代大学生应树立与践行社会主义核心价值观	非常认同	5391	69.2%
	认同	1941	24.9%
	中立	373	4.8%
	不认同	62	0.8%
	非常不认同	22	0.3%

通过数据分析发现，76.4%的大学生认为社会主义核心价值观与社会主义核心价值体系之间存在区别，7.6%的大学生认为两者之间没有区别，16%的大学生难以辨明两者之间关系。对于社会主义核心价值观识记的必要性，91.8%的大学生认为有必要识记，8.2%的大学生认为完全没有必要识记。对于大学生社会主义核心价值观认同层次，89.5%的大学生可以完整表达、上升为情感认同并自觉践行，仅知道名称的大学生为10.5%。从自觉践行情况看，94.1%的大学生认为社会主义核心价值观应落实到日常行为中。

（二）不同层面社会主义核心价值观认同分析

表 3-6 社会主义核心价值观三个层面认同统计结果

选项	类别	样本数量	百分比
您是否认同“富强、民主、文明、和谐”的中国能早日实现	非常认同	5794	74.4%
	认同	1527	19.6%
	中立	332	4.3%
	不认同	99	1.3%
	非常不认同	37	0.5%
您是否认同“自由、平等、公正、法治”层面的价值取向	非常认同	5526	70.9%
	认同	1829	23.5%
	中立	357	4.6%
	不认同	56	0.7%
	非常不认同	21	0.3%
您是否认同“爱国、敬业、诚信、友善”层面的价值准则	非常认同	5575	71.6%
	认同	1765	22.7%
	中立	364	4.7%
	不认同	61	0.8%
	非常不认同	24	0.3%

从表 3-6 可知，大学生对国家、社会、个人层面的价值观认同度均较高，其中国家层面价值观认同情况为，74.4%的受访者认为“非常认同”，19.6%的受访者认为“认同”。社会层面价值观认同情况为，70.9%的受访者认为“非常认同”，23.5%的受访者认为“认同”。个人层面的价值观认同情况为，71.6%的受访者认为“非常认同”，22.7%的受访者认为“认同”。从大学生对不同层面价值观“非常认同”“认同”比例进行比较，社会层面（94.4%）>个人层面（94.3%）>国家层面（94%）。

（三）大学生对社会主义核心价值观十二个价值概念的认同分析

通过数据分析发现，大学生对不同的价值概念之间认同度存在差异（见表 3-7）。

表 3-7　大学生对社会主义核心价值观十二个价值概念认同统计分析

类别	样本数量	百分比
富强	2713	34.8%
民主	1745	22.4%
文明	1074	13.8%
和谐	1852	23.8%
自由	1848	23.7%
平等	1956	25.1%
公正	1602	20.6%
法治	2022	26%
爱国	4898	62.9%
敬业	556	7.1%
诚信	1201	15.4%
友善	790	10.1%

大学生对十二个价值概念认同度存在差异，大学生最认同的价值概念排序为爱国（62.9%）、富强（34.8%）、法治（26%）、平等（25.1%）、和谐（23.8%）、自由（23.7%）、民主（22.4%）、公正（20.6%）、诚信（15.4%）、文明（13.8%）、友善（10.1%）、敬业（7.1%）。

通过对当代大学生社会主义核心价值观认同度调查显示，大学生对社会主义核心价值观总体认同较高，但是情感认同度较低。不同层面价值观、不同价值概念之间认同存在差异，既与大学生身份相关也与当前思想政治教育、媒体传播力度有关。因此应创新社会主义核心价值观培育方式，对于不同主体、不同的价值概念注重培育手段和方法及频率的差异，做到同一性与差异性的统一。

二、短视频对大学生影响分析

通过关联题目设置，对大学生使用短视频现状如使用情况、认知情况、价值影响进行总体把握（见表 3-8）。

表 3-8　短视频对大学生影响统计结果

影响因素	类别	样本数量	百分比
短视频观看时长	1 小时以下	2074	26.6%
	1-3 小时	4537	58.2%
	4-6 小时	829	10.6%
	6 小时以上	206	2.6%
	从不看短视频	143	1.8%
经常使用的短视频平台	抖音	5574	71.6%
	快手	1764	22.6%
	哔哩哔哩	3898	50%
	微视	278	3.6%
	小红书	2446	31.4%
	其他	349	4.5%
感兴趣的短视频类型	美妆类	2726	35%
	搞笑类	5643	72.4%
	生活类	5134	65.9%
	影视类	5134	65.9%
	美食类	4625	59.4%
	名人类	2481	31.9%
	歌舞类	1660	21.3%
	情感类	2238	28.7%
经常点赞、转发、评论、分享的短视频类型	传播正能量的	5374	69%
	搞笑的	4648	59.7%
	提供生活技巧的	3692	47.4%
	资讯类的	2108	27.1%
	体育类的	1249	16%
	其他	366	4.7%
是否拍过短视频	是	3948	50.7%
	否	3841	49.3%

续表

影响因素	类别	样本数量	百分比
拍摄短视频种类	日常生活分享	5194	66.7%
	跟拍热款视频	1086	13.9%
	其他（请注明）	1509	19.4%
拍摄短视频目的	展现自我	3456	44.4%
	模仿	570	7.3%
	想成为网红	165	2.1%
	排遣寂寞	1746	22.4%
	其他	1852	23.8%
拍摄短视频频率	偶尔	7455	95.7%
	经常	334	4.3%
对短视频感兴趣的程度	非常喜欢，觉得自己能在里面了解很多东西	1453	18.7%
	比较喜欢	2921	37.5%
	一般，偶尔用来打发时间	3254	41.8%
	不感兴趣，没有用过	161	2.1%
短视频对生活的影响	拖延症越来越严重	2862	36.7%
	耽误时间	3781	48.5%
	缓解疲劳，放松心情	5849	75.1%
	开阔视野	4423	56.8%
	提供自我展示平台	1525	19.6%
	其他	93	1.2%
对短视频的评价	内容丰富	5790	74.3%
	新颖有趣	5204	66.8%
	内容正能量	3238	41.6%
	觉得浪费时间	1954	25.1%
	对短视频不感兴趣	709	9.1%

短视频对大学生影响从认知、情感、意志、实践多个层面展开调查，数据显示：

第一，短视频成为大学生使用的主要新媒体。短视频占据大学生较多时间。从使用时长看，98.2%的大学生使用短视频，每天观看1-3小时的占比最多，达58.2%，有13.2%的大学生每天观看时间超过4小时。从短视频感兴趣程度看，97.9%的大学生对短视频感兴趣。

第二，大学生对于短视频使用具有个性化、差异性。从大学生使用的短视频平台类型来看使用最多的短视频平台抖音占比达71.6%，从大学生感兴趣的短视频类型来看，搞笑类达72.4%、生活类达65.9%、影视类达65.9%、美食类达59.4%，占比均超过半数。从点赞、转发、评论、分享参与短视频互动情况来看，传播正能量类短视频占比最高，达69%，搞笑类短视频达59.7%，提供生活技巧类达47.4%，资讯类短视频达27.1%，体育类短视频达16%。

第三，短视频成为大学生参与实践的媒体方式。从大学生拍摄短视频情况看，拍摄过短视频的大学生（50.7%）与没有拍过短视频的大学生（49.3%）占比基本相同。多数大学生拍摄短视频用于日常生活分享（66.7%），模仿跟拍热款短视频占比13.9%。从拍摄目的看，短视频成为大学生展现自我（44.4%）、排遣寂寞（22.4%）的媒介工具，用于模仿的占7.3%、想成为网红的占2.1%。

第四，短视频对大学生产生积极、消极双重影响。从短视频积极影响看，75.1%的大学生认为短视频缓解疲劳，放松心情，56.8%的大学生认为开阔视野，19.6%的大学生认为提供自我展示平台。从消极影响看，48.5%的大学生认为短视频耽误时间，36.7%的大学生认为短视频加重拖延症。从调查者输入的其他选项看，有大学生认为“让我对新媒体的了解更深入，让我在抖音上认识了许多有着共同兴趣的朋友”“对自己的人生有了新的规划与目标”，此外还有大学生认为短视频导致“精神疲劳”。

三、短视频对大学生社会主义核心价值观认同影响分析

（一）短视频对大学生社会主义核心价值观认同影响的分群实证分析

本研究主要选取性别、政治面貌、是否学生干部、学习成绩排名、是否独生子女、是否有社会兼职工作经历、使用社交软件、参加学校社团活动频率进行分群实证分析。

1. 性别分群分析

表 3-9　性别与认为短视频对社会主义核心价值观传播的影响交叉（卡方）分析结果

题目	名称	2. 您的性别（%）		总计	χ^2	p
		男	女			
22. 您认为短视频对社会主义核心价值观传播的影响是?	积极	2515（75.48）	3556（77.46）	6071（76.63）	129.221	0.000＊＊
	消极	212（6.36）	74（1.61）	286（3.61）		
	说不清	605（18.16）	961（20.93）	1566（19.77）		
总计		3332	4591	7923		
＊$p<0.05$ ＊＊ $p<0.01$						

从表 3-9 可知，76.63%的大学生认为短视频对社会主义核心价值观传播的影响是积极的，19.77%的大学生认为短视频对社会主义核心价值观传播的影响说不清，只有 3.61%的大学生认为影响是消极的。从统计结果看，绝大部分大学生认为短视频对社会主义核心价值观传播的影响是积极的。从性别差异看，77.46%的女生认为短视频对社会主义核心价值观传播带来积极影响，1.61%的女生认为短视频对社会主义核心价值观传播带来消极影响；75.48%的男生认为短视频对社会主义核心价值观传播带来积极影响，6.36%的男生认为短视频对社会主义核心价值观传播带来消极影响。用交叉分析（卡方检验）去研究性别对于认为短视频对社会主义核心价值观传播的影响的差异关系，从上表可以看出：性别样本对于认为短视频对社会主义核心价值观传播的影响呈现出显著性（$p<0.05$），意味着性别样本对于认为短视频对社会主义核心价值观传播的影响均呈现出 0.01 水平显著性（$\chi^2=129.221$, $p=0.000<0.01$），通过百分比对比差异，总结可知：性别样本对于认为短视频对社会主义核心价值观传播的影响呈现出显著性差异，女性高于男性。

表 3-10　性别与觉得短视频内容是否对您的价值观产生了影响交叉（卡方）分析结果

题目	名称	2. 您的性别（%）		总计	χ^2	p
		男	女			
27. 您觉得短视频内容是否对您的价值观产生了影响？	非常大	570（17.11）	392（8.54）	962（12.14）	206.416	0.000＊＊
	比较大	913（27.40）	1325（28.86）	2238（28.25）		
	一点点	1371（41.15）	2423（52.78）	3794（47.89）		
	没有	478（14.35）	451（9.82）	929（11.73）		
总计		3332	4591	7923		

＊$p<0.05$　＊＊$p<0.01$

从表 3-10 数据可知，绝大部分学生认为短视频内容对价值观产生了影响。其中，男生、女生都认为产生一点点影响的占比较多，分别占比 41.15%、52.78%。14.35%的男生认为短视频对大学生价值观没有产生影响，9.82%的女生认为短视频对大学生价值观没有产生影响，男生（14.35%）>女生（9.82%）。利用交叉分析（卡方检验）去研究性别对觉得短视频内容是否对价值观产生了影响，从上表可以看出：性别样本对于觉得短视频内容是否对价值观产生了影响呈现出显著性（$p<0.05$），意味着不同性别样本对于觉得短视频内容是否对您的价值观产生了影响呈现出 0.01 水平显著性（$\chi^2=206.416$，$p=0.000<0.01$），通过百分比对比差异可知，男性选择“非常大”的比例为 17.11%，明显高于女性的选择比例 8.54%。女性选择“一点点”的比例为 52.78%，明显高于男性的比例 41.15%。总结可知：不同性别样本对于觉得短视频内容是否对您的价值观产生了影响呈现出显著性差异。整体女性认为产生影响大于男性。

表 3-11　性别与新时代大学生应自觉树立与践行社会主义核心价值观交叉（卡方）分析结果

题目	名称	2. 您的性别（%）		总计	χ^2	p
		男	女			
40. 新时代大学生应自觉树立与践行社会主义核心价值观	非常认同	2245（67.38）	3248（70.75）	5493（69.33）	87.433	0.000＊＊
	认同	796（23.89）	1170（25.48）	1966（24.81）		
	中立	237（7.11）	142（3.09）	379（4.78）		
	不认同	42（1.26）	21（0.46）	63（0.80）		
	非常不认同	12（0.36）	10（0.22）	22（0.28）		
总计		3332	4591	7923		

＊$p<0.05$　＊＊$p<0.01$

为调查大学生对社会主义核心价值观践行度，设置相应题目。从调查结果看，男生、女生对社会主义核心价值观践行度存在差异。从表 3-11 可知，94.14%的大学生认为新时代大学生应自觉树立与践行社会主义核心价值观，只有 1.08%的大学生不认同，说明绝大部分学生认为新时代大学生应自觉树立与践行社会主义核心价值观。其中，非常认同的占比较大，达到了 67%以上，其中不认同的男性比例高于女性。利用交叉分析（卡方检验）去研究性别对于新时代大学生应自觉树立与践行社会主义核心价值观的差异关系，从上表可以看出：性别样本对于新时代大学生应自觉树立与践行社会主义核心价值观呈现出显著性（$p<0.05$），意味着性别样本对于新时代大学生应自觉树立与践行社会主义核心价值观呈现出差异性，性别对于新时代大学生应自觉树立与践行社会主义核心价值观呈现出 0.01 水平显著性（$\chi^2=87.433$，$p=0.000<0.01$）。总结可知：性别样本对于新时代大学生应自觉树立与践行社会主义核心价值观全部呈现出显著性差异。

表 3-12 性别与努力践行社会主义核心价值观交叉（卡方）分析结果

题目	名称	2. 您的性别（%）		总计	χ^2	p
		男	女			
48. 努力践行社会主义核心价值观是您所愿	非常认同	2212（66.39）	3245（70.68）	5457（68.88）	82.474	0.000 * *
	认同	815（24.46）	1155（25.16）	1970（24.86）		
	中立	249（7.47）	157（3.42）	406（5.12）		
	不认同	36（1.08）	22（0.48）	58（0.73）		
	非常不认同	20（0.60）	12（0.26）	32（0.40）		
总计		3332	4591	7923		

* $p<0.05$ * * $p<0.01$

从表 3-12 可知，93.74%的大学生认同努力践行社会主义核心价值观，说明绝大部分大学生认同努力践行社会主义核心价值观。其中，非常认同的占比最多，都占到了 66%以上。不认同的男性比例（1.68%）高于女性比例（0.74%）。利用交叉分析（卡方检验）去研究性别对于努力践行社会主义核心价值观的差异关系，从上表可以看出：性别样本对于努力践行社会主义核心价值观呈现出显著性（$p<0.05$），意味着不同性别样本对于努力践行社会主义核心价值观呈现出 0.01 水平显著性（$\chi^2=82.474$，$p=0.000<0.01$）差异。总结可知：性别样本对于努力践行社会主义核心价值观是您所愿全部呈现出显著性差异。

综上，男、女生在短视频是否对社会主义核心价值观传播存在影响、新时代大学生是否应自觉树立与践行社会主义核心价值观问题层面存在差异。因此，社会主义核心价值观类短视频的制作与传播应考虑到性别差异。

2. 政治面貌分群实证分析

表 3-13　政治面貌与认为短视频对社会主义核心价值观传播的影响交叉（卡方）分析结果

题目	名称	4. 您的政治面貌是（%）			总计	χ^2	p
		中共党员	共青团员	群众			
22. 您认为短视频对社会主义核心价值观传播的影响是?	积极	547（80.80）	4437（76.95）	1087（73.45）	6071（76.63）	15.551	0.004＊＊
	消极	22（3.25）	202（3.50）	62（4.19）	286（3.61）		
	说不清	108（15.95）	1127（19.55）	331（22.36）	1566（19.77）		
总计		677	5766	1480	7923		
＊p<0.05 ＊＊ p<0.01							

从表 3-13 可知，76.63%的大学生认为短视频对社会主义核心价值观传播的影响是积极的，19.77%的大学生认为影响说不清，只有 3.61%的学生认为有消极影响，说明大多数大学生都认为短视频对社会主义核心价值观的影响是积极的。其中，80.8%的中共党员认为影响是积极的，76.95%的共青团员认为影响是积极的，73.45%的群众认为影响是积极的。中共党员认为积极的影响比例（80.8%）高于群众的比例（73.45%），而认为消极影响的群众比例（4.19%）高于中共党员比例（3.25%）。用交叉分析（卡方检验）去研究政治面貌对于短视频对社会主义核心价值观传播的影响差异关系，从上表可以看出：政治面貌对于您认为短视频对社会主义核心价值观传播的影响呈现出显著性（$p<0.05$），意味着不同政治面貌对于认为短视频对社会主义核心价值观传播的影响呈现出 0.01 水平显著性（$\chi^2=15.551$，$p=0.004<0.01$），通过百分比对比差异，总结可知：政治面貌作为个体背景变量，在判断短视频对社会主义核心价值观传播影响的认知上具有显著区分作用。

表 3-14　政治面貌与觉得短视频内容是否对价值观产生了影响交叉（卡方）分析结果

题目	名称	4. 您的政治面貌是（%）			总计	χ^2	p
		中共党员	共青团员	群众			
27. 您觉得短视频内容是否对您的价值观产生了影响?	非常大的影响	89（13.15）	672（11.65）	201（13.58）	962（12.14）	22.707	0.001＊＊
	比较大的影响	165（24.37）	1666（28.89）	407（27.50）	2238（28.25）		
	一点点影响	326（48.15）	2797（48.51）	671（45.34）	3794（47.89）		
	没有影响	97（14.33）	631（10.94）	201（13.58）	929（11.73）		
总计		677	5766	1480	7923		
＊p<0.05　＊＊ p<0.01							

从表 3-14 可知，觉得短视频内容对价值观产生影响的大学生占到 88.27%，觉得没有影响的大学生占到 11.73%，说明绝大多数大学生都认为短视频对自身价值观产生了影响。其中，认为产生了一点点影响占比较多，都在 45%以上。利用交叉分析（卡方检验）研究政治面貌对于觉得短视频内容是否对价值观产生了影响的差异关系，从上表可以看出：不同政治面貌对于短视频内容对您的价值观产生了影响呈现出显著性（$p<0.05$），意味着不同政治面貌对于短视频内容是否对价值观产生了影响呈现出 0.01 水平显著性（$\chi^2=22.707$，$p=0.001<0.01$），总结可知：样本的政治面貌在其对短视频内容是否影响价值观的态度上具有显著统计差异。

表 3-15　政治面貌与新时代大学生应自觉树立与践行社会主义核心价值观交叉（卡方）分析结果

题目	名称	4. 您的政治面貌是（%）			总计	χ^2	p
		中共党员	共青团员	群众			
40. 新时代大学生应自觉树立与践行社会主义核心价值观	非常认同	505（74.59）	4063（70.46）	925（62.50）	5493（69.33）	66.533	0.000＊＊
	认同	148（21.86）	1399（24.26）	419（28.31）	1966（24.81）		
	中立	16（2.36）	254（4.41）	109（7.36）	379（4.78）		
	不认同	6（0.89）	39（0.68）	18（1.22）	63（0.80）		
	非常不认同	2（0.30）	11（0.19）	9（0.61）	22（0.28）		
总计		677	5766	1480	7923		
＊p<0.05　＊＊ p<0.01							

从表 3-15 可知，94.14%的大学生认同新时代大学生应自觉树立与践行社会主义核心价值观，说明绝大部分大学生都认为新时代大学生应自觉树立与践行社会主义核心价值观。其中，中共党员非常认同的比例（74.59%）高于共青团员和群众，不认同的群众比例（1.22%）高于中共党员和共青团员。利用交叉分析（卡方检验）去研究政治面貌与新时代大学生应自觉树立与践行社会主义核心价值观差异关系，从上表可以看出：不同政治面貌对于新时代大学生应自觉树立与践行社会主义核心价值观呈现出显著性（p<0.05），意味着不同政治面貌对于新时代大学生应自觉树立与践行社会主义核心价值观均呈现出差异性，具体建议可结合括号内百分比进行差异对比。政治面貌对于新时代大学生应自觉树立与践行社会主义核心价值观呈现出 0.01 水平显著性（χ^2=66.533，p=0.000<0.01），通过百分比对比差异可知，中共党员选择“非常认同”的比例为 74.59%，明显高于平均水平 69.33%。总结可知：不同政治面貌对于新时代大学生应自觉树立与践行社会主义核心价值观均呈现出显著性差异。

表 3-16 政治面貌与努力践行社会主义价值观交叉（卡方）分析结果

题目	名称	您的政治面貌是（%）			总计	χ^2	p
		中共党员	共青团员	群众			
48. 努力践行社会主义核心价值观是您所愿	非常认同	508（75.04）	4025（69.81）	924（62.43）	5457（68.88）	55.732	0.000＊＊
	认同	139（20.53）	1414（24.52）	417（28.18）	1970（24.86）		
	中立	24（3.55）	268（4.65）	114（7.70）	406（5.12）		
	不认同	4（0.59）	39（0.68）	15（1.01）	58（0.73）		
	非常不认同	2（0.30）	20（0.35）	10（0.68）	32（0.40）		
总计		677	5766	1480	7923		
＊p<0.05 ＊＊ p<0.01							

从表 3-16 可知，93.74%的大学生认同努力践行社会主义核心价值观，说明绝大多数学生认同践行社会主义核心价值观。其中，非常认同的中共党员的比例（75.04%）高于共青团员和群众，非常不认同的群众比例（0.68%）高于中共党员和共青团员。利用交叉分析（卡方检验）去研究政治面貌对于努力践行社会主义核心价值观是您所愿的差异关系，从上表可以看出：政治面貌变量在受访者对短视频是否影响社会主义核心价值观传播的判断上呈现出显著性差异（p<0.05）。进一步的卡方检验结果表明，不同政治

面貌群体在该判断上存在 0.01 水平的显著性差异（$\chi^2=55.732$，$p=0.004<0.01$）。通过百分比对比差异可知，中共党员选择努力践行社会主义核心价值观的比例为 75.04%，明显高于平均水平 68.88%。总结可知：政治面貌在认知短视频对社会主义核心价值观传播影响过程中，具有显著区分作用。因此，为提高短视频传播社会主义核心价值观的效果，应根据大学生不同政治面貌采取不同传播策略。

3. 是否学生干部实证分析

表 3-17　学生干部与认为短视频对社会主义核心价值观传播的影响交叉（卡方）分析结果

题目	名称	7. 您是学生干部吗？（%）		总计	χ^2	p
		是	否			
22. 您认为短视频对社会主义核心价值观传播的影响是？	积极	1884（79.59）	4187（75.36）	6071（76.63）	17.473	0.000＊＊
	消极	68（2.87）	218（3.92）	286（3.61）		
	说不清	415（17.53）	1151（20.72）	1566（19.77）		
总计		2367	5556	7923		
＊$p<0.05$　＊＊$p<0.01$						

从表 3-17 可知，76.63%的大学生认为短视频对社会主义核心价值观传播的影响是积极的，3.61%的大学生认为短视频对社会主义核心价值观传播的影响是消极的，19.77%的大学生认为短视频对社会主义核心价值传播的影响说不清。说明大部分学生认为短视频对社会主义核心价值传播的影响是积极的。其中，认为有积极影响的学生干部比例（79.59%）高于不是学生干部的（75.36%），认为有消极影响的非学生干部比例（3.92%）高于学生干部（2.87%）。利用交叉分析（卡方检验）去研究是否学生干部对于认为短视频对社会主义核心价值观传播的影响的差异关系，从上表可以看出：是否学生干部对于认为短视频对社会主义核心价值观传播的影响呈现出显著性（$p<0.05$），意味着是否学生干部对于认为短视频对社会主义核心价值观传播的影响呈现出 0.01 水平显著性（$\chi^2=17.473$，$p=0.000<0.01$）。总结可知：是否学生干部对于认为短视频对社会主义核心价值观传播的影响全部呈现出显著性差异。

表 3-18 学生干部与觉得短视频内容是否对您的价值观产生了影响交叉（卡方）分析结果

题目	名称	7. 您是学生干部吗？（%）		总计	χ^2	p
		是	否			
27. 您觉得短视频内容是否对您的价值观产生了影响？	非常大的影响	332（14.03）	630（11.34）	962（12.14）	13.245	0.004＊＊
	比较大的影响	668（28.22）	1570（28.26）	2238（28.25）		
	一点点影响	1113（47.02）	2681（48.25）	3794（47.89）		
	没有影响	254（10.73）	675（12.15）	929（11.73）		
总计		2367	5556	7923		
＊ $p<0.05$ ＊＊ $p<0.01$						

从表 3-18 可知，88.27%的大学生觉得短视频内容对自己的价值观产生了影响，只有 11.73%的大学生认为没有影响，说明大部分大学生觉得短视频内容对自己的价值观产生了影响。其中，认为短视频内容对自己的价值观产生了非常大的影响的学生干部比例（14.03%）高于不是学生干部的比例（11.34%）。认为没有影响的非学生干部比例（12.15%）高于学生干部的比例（10.73%）。利用交叉分析（卡方检验）去研究学生干部对觉得短视频内容是否对价值观产生了影响的差异关系，从上表可以看出：学生干部对于觉得短视频内容对价值观产生了影响呈现出显著性（$p<0.05$），意味着是否学生干部对觉得短视频内容是否对价值观产生了影响呈现出 0.01 水平显著性（$\chi^2=13.245$，$p=0.004<0.01$）差异，总结可知：是否学生干部对于觉得短视频内容是否对价值观产生了影响全部呈现出显著性差异。

表 3-19　学生干部与是否认同大学生应自觉树立与践行社会主义核心价值观交叉（卡方）分析结果

题目	名称	7. 您是学生干部吗?(%)		总计	χ^2	p
		是	否			
40. 新时代大学生应自觉树立与践行社会主义核心价值观	非常认同	1755（74.14）	3738（67.28）	5493（69.33）	38.977	0.000**
	认同	507（21.42）	1459（26.26）	1966（24.81）		
	中立	88（3.72）	291（5.24）	379（4.78）		
	不认同	13（0.55）	50（0.90）	63（0.80）		
	非常不认同	4（0.17）	18（0.32）	22（0.28）		
总计		2367	5556	7923		

* $p<0.05$ ** $p<0.01$

从表 3-19 可知，94.14%的大学生认同新时代大学生应自觉树立与践行社会主义核心价值观，说明绝大部分学生对于新时代大学生应自觉树立与践行社会主义核心价值观是认同的。非常认同的学生干部比例（74.14%）高于不是学生干部的比例（67.28%），非常不认同的非学生干部比例（0.32%）高于学生干部的比例（0.17%）。利用交叉分析（卡方检验）去研究是否学生干部对新时代大学生应自觉树立与践行社会主义核心价值观的差异关系，从上表可以看出：是否学生干部对新时代大学生应自觉树立与践行社会主义核心价值观呈现出显著性（$p<0.05$），意味着是否学生干部样本对于新时代大学生应自觉树立与践行社会主义核心价值观呈现出 0.01 水平显著性（$\chi^2=38.977$，$p=0.000<0.01$），通过百分比对比差异可知，学生干部选择非常认同的比例为 74.14%，明显高于不是学生干部的选择比例 67.28%。总结可知：是否学生干部对于认同新时代大学生应自觉树立与践行社会主义核心价值观全部呈现出显著性差异。

表 3-20 学生干部与努力践行社会主义核心价值观是您所愿交叉（卡方）分析结果

题目	名称	7. 您是学生干部吗？(%)		总计	χ^2	p
		是	否			
48. 努力践行社会主义核心价值观是您所愿	非常认同	1733（73.22）	3724（67.03）	5457（68.88）	33.277	0.000**
	认同	506（21.38）	1464（26.35）	1970（24.86）		
	中立	100（4.22）	306（5.51）	406（5.12）		
	不认同	15（0.63）	43（0.77）	58（0.73）		
	非常不认同	13（0.55）	19（0.34）	32（0.40）		
总计		2367	5556	7923		

* $p<0.05$ ** $p<0.01$

从表 3-20 可知，93.74%的大学生认同努力践行社会主义核心价值观是其所愿，1.13%的大学生不认同，说明绝大部分学生认同努力践行社会主义核心价值观是其所愿。其中，非常认同的学生干部比例（73.22%）高于不是学生干部的比例（67.03%）。利用交叉分析（卡方检验）去研究学生干部对于努力践行社会主义核心价值观是您所愿差异关系，从上表可以看出：学生干部样本对于努力践行社会主义核心价值观是您所愿呈现出显著性（$p<0.05$），意味着是否学生干部对于努力践行社会主义核心价值观是您所愿呈现出 0.01 水平显著性（$\chi^2=33.277$，$p=0.000<0.01$），通过百分比对比差异可知，学生干部选择非常认同的比例（73.22%）明显高于不是学生干部的选择比例（67.03%）。总结可知：学生干部对于努力践行社会主义核心价值观是您所愿全部呈现出显著性差异。

4. 学习成绩分群实证分析

表 3-21 成绩与认为短视频对社会主义核心价值观传播的影响交叉（卡方）分析结果

题目	名称	8. 您的成绩在同级同专业学生中的排名比例？（%）					总计	χ^2	p
		前 20%	21%-40%	41%-60%	61%-80%	81%-100%			
22. 您认为短视频对社会主义核心价值观传播的影响是？	积极	1870(79.20)	1974(77.47)	1325(74.73)	624(73.85)	278(70.20)	6071(76.63)	34.924	0.000 * *
	消极	75(3.18)	85(3.34)	63(3.55)	35(4.14)	28(7.07)	286(3.61)		
	说不清楚	416(17.62)	489(19.19)	385(21.71)	186(22.01)	90(22.73)	1566(19.77)		
总计		2361	2548	1773	845	396	7923		

* p<0.05 * * p<0.01

从表 3-21 可知，76.63%的大学生认为短视频对社会主义核心价值观传播的影响是积极的，说明大部分大学生认为短视频对社会主义核心价值观传播的影响是积极的。其中，认为积极影响的成绩在前 20%的比例（79.2%）高于其他成绩的比例，认为消极影响的成绩在 81%-100%的比例（7.07%）高于其他成绩的比例。用交叉分析（卡方检验）去研究成绩在同级同专业学生中的排名比例对于您认为短视频对社会主义核心价值观传播的影响差异关系，从上表可以看出：不同的成绩在同级同专业学生中的排名比例对于您认为短视频对社会主义核心价值观传播的影响呈现出显著性（$p<0.05$），意味着不同成绩在同级同专业学生中的排名比例对于您认为短视频对社会主义核心价值观传播的影响呈现出 0.01 水平显著性（$\chi^2=34.924$，$p=0.000<0.01$）。总结可知：不同的成绩在同级同专业学生中的排名比例对于您认为短视频对社会主义核心价值观传播的影响全部呈现出显著性差异。

表 3-22 成绩与觉得短视频内容是否对您的价值观产生了影响交叉（卡方）分析结果

题目	名称	8. 您的成绩在同级同专业学生中的排名比例？（%）					总计	χ^2	p
		前 20%	21%-40%	41%-60%	61%-80%	81%-100%			
27. 您觉得短视频内容是否对您的价值观产生了影响？	非常大的影响	312(13.21)	306(12.01)	176(9.93)	105(12.43)	63(15.91)	962(12.14)	28.892	0.004 * *
	比较大的影响	681(28.84)	714(28.02)	486(27.41)	250(29.59)	107(27.02)	2238(28.25)		
	一点点影响	1098(46.51)	1243(48.78)	891(50.25)	397(46.98)	165(41.67)	3794(47.89)		
	没有影响	270(11.44)	285(11.19)	220(12.41)	93(11.01)	61(15.40)	929(11.73)		
总计		2361	2548	1773	845	396	7923		

* p<0.05 * * p<0.01

从表 3-22 可知，88.27%的大学生认为短视频对自己价值观产生了影响，说明大部分学生认为短视频对价值观产生了影响。其中，认为没有影响的成绩在 81%-100%的比例（15.4%）高于其他成绩比例。利用交叉分析（卡方检验）去研究成绩在同级同专业学生中的排名比例觉得短视频内容是否对价值观产生了影响的差异关系，从上表可以看出：成绩在同级同专业学生中的排名比例对于觉得短视频内容是否对价值观产生了影响呈现出显著性（$p<0.05$），呈现出 0.01 水平显著性（$\chi^2=28.892$，$p=0.004<0.01$）。总结可知：成绩在同级同专业学生中的排名比例对于觉得短视频内容是否对您的价值观产生了影响全部呈现出显著性差异。

表 3-23　成绩与新时代大学生应自觉树立与践行社会主义核心价值观交叉（卡方）分析结果

题目	名称	8. 您的成绩在同级同专业学生中的排名比例？(%)					总计	χ^2	p
		前 20%	21%-40%	41%-60%	61%-80%	81%-100%			
40. 新时代大学生应自觉树立与践行社会主义核心价值观	非常认同	1731(73.32)	1789(70.21)	1189(67.06)	529(62.60)	255(64.39)	5493(69.33)	66.484	0.000**
	认同	512(21.69)	616(24.18)	480(27.07)	256(30.30)	102(25.76)	1966(24.81)		
	中立	103(4.36)	115(4.51)	86(4.85)	48(5.68)	27(6.82)	379(4.78)		
	不认同	11(0.47)	22(0.86)	11(0.62)	9(1.07)	10(2.53)	63(0.80)		
	非常不认同	4(0.17)	6(0.24)	7(0.39)	3(0.36)	2(0.51)	22(0.28)		
总计		2361	2548	1773	845	396	7923		

* $p<0.05$ ** $p<0.01$

从表 3-23 可知，94.14%的大学生认同新时代大学生应自觉树立与践行社会主义核心价值观，说明绝大部分大学生认为新时代大学生应自觉树立与践行社会主义核心价值观。其中，非常认同的成绩在前 20%的占比（73.32%）高于其他成绩比例，非常不认同的成绩在 81%-100%的占比（0.51%）高于其他成绩比例。利用交叉分析（卡方检验）去研究成绩在同级同专业学生中的排名比例对于新时代大学生应自觉树立与践行社会主义核心价值观的差异关系，从上表可以看出：成绩在同级同专业学生中的排名比例对于新时代大学生应自觉树立与践行社会主义核心价值观呈现出显著性（$p<0.05$），成绩在同级同专业学生中的排名比例对新时代大学生应自觉树立与践行社会主义核心价值观呈现出 0.01 水平显著性（$\chi^2=66.484$，$p=0.000<0.01$），通过百分比对比差异可知，前 20%选择非常认同的比例（73.32%）会明显高于平均水平（69.33%）。总结可知：不同成绩在同级同专业学生中的排名比例对于新时代大学生应自觉树立与践行社会主义核

心价值观全部呈现出显著性差异。

表 3-24　成绩与努力践行社会主义核心价值观是您所愿交叉（卡方）分析结果

题目	名称	8. 您的成绩在同级同专业学生中的排名比例？（%）					总计	χ^2	p
		前 20%	21%-40%	41%-60%	61%-80%	81%-100%			
48. 努力践行社会主义核心价值观是您所愿	非常认同	1725(73.06)	1780(69.86)	1169(65.93)	533(63.08)	250(63.13)	5457(68.88)	83.664	0.000**
	认同	500(21.18)	637(25.00)	478(26.96)	250(29.59)	105(26.52)	1970(24.86)		
	中立	117(4.96)	107(4.20)	105(5.92)	48(5.68)	29(7.32)	406(5.12)		
	不认同	6(0.25)	21(0.82)	12(0.68)	9(1.07)	10(2.53)	58(0.73)		
	非常不认同	13(0.55)	3(0.12)	9(0.51)	5(0.59)	2(0.51)	32(0.40)		
总计		2361	2548	1773	845	396	7923		

* $p<0.05$　** $p<0.01$

从表 3-24 可知，93.74%的大学生认同努力践行社会主义核心价值观，只有 1.13%的大学生不认同，说明绝大部分学生都认同努力践行社会主义核心价值观。其中，非常认同的成绩在前 20%的占比（73.06%）高于其他成绩比例，非常不认同的成绩在 61%-80%的占比（0.59%）高于其他成绩比例。利用交叉分析（卡方检验）去研究成绩在同级同专业学生中的排名比例对于努力践行社会主义核心价值观的差异关系，从上表可以看出：不同成绩在同级同专业学生中的排名比例对于努力践行社会主义核心价值观是您所愿呈现出显著性（$p<0.05$），意味着不同成绩在同级同专业学生中的排名比例对于努力践行社会主义核心价值观是您所愿均呈现出差异性，成绩在同级同专业学生中的排名对于努力践行社会主义核心价值观是您所愿呈现出 0.01 水平显著性（$\chi^2=83.664$，$p=0.000<0.01$），总结可知：不同成绩在同级同专业学生中的排名比例样本对于努力践行社会主义核心价值观是您所愿全部呈现出显著性差异。

5. 是否有社会兼职工作经历实证分析

表 3-25 是否有社会兼职工作经历与觉得短视频内容是否对您的价值观产生了影响交叉（卡方）分析结果

题目	名称	10. 您是否有社会兼职工作经历？（%）		总计	χ^2	p
		是	否			
27. 您觉得短视频内容是否对您的价值观产生了影响？	非常认同	634（13.57）	328（10.09）	962（12.14）	25.144	0.000＊＊
	认同	1333（28.53）	905（27.85）	2238（28.25）		
	中立	2180（46.65）	1614（49.66）	3794（47.89）		
	不认同	526（11.26）	403（12.40）	929（11.73）		
总计		4673	3250	7923		

＊ $p<0.05$ ＊＊ $p<0.01$

从表 3-25 可知，40.39%的大学生认为短视频对自己价值观产生了影响，说明近半数学生认为短视频对价值观产生了影响。其中，非常认同的有社会兼职工作经历的占比（13.57%）高于没有社会兼职工作经历的比例（10.09%），不认同的没有社会兼职工作经历的占比（12.40%）高于有社会兼职工作经历的比例（11.26%）。利用交叉分析（卡方检验）去研究是否有社会兼职工作经历对于您觉得短视频内容是否对您的价值观产生了影响的差异关系，从上表可以看出：是否有社会兼职工作经历对于觉得短视频内容是否对您的价值观产生了影响呈现出显著性（$p<0.05$），呈现出 0.01 水平显著性（$\chi^2=25.144$，$p=0.000<0.01$），总结可知：是否有社会兼职工作经历对于觉得短视频内容是否对您的价值观产生了影响呈现出显著性差异。

表 3-26　是否有社会兼职工作经历与努力践行社会主义核心价值观交叉（卡方）分析结果

题目	名称	10. 您是否有社会兼职工作经历？（%）		总计	χ^2	p
		是	否			
48. 努力践行社会主义核心价值观是您所愿	非常认同	3162（67.67）	2295（70.62）	5457（68.88）	14.313	0.006＊＊
	认同	1204（25.77）	766（23.57）	1970（24.86）		
	中立	259（5.54）	147（4.52）	406（5.12）		
	不认同	27（0.58）	31（0.95）	58（0.73）		
	非常不认同	21（0.45）	11（0.34）	32（0.40）		
总计		4673	3250	7923		
＊$p<0.05$　＊＊ $p<0.01$						

从表 3-26 可知，93.74%的大学生认同努力践行社会主义核心价值观，只有 1.13%的大学生不认同，说明绝大部分学生都认同努力践行社会主义核心价值观。其中，非常不认同和不认同的没有社会兼职工作经历的占比（1.29%）高于有社会兼职工作经历的比例（1.03%）。利用交叉分析（卡方检验）去研究是否有社会兼职工作经历对于努力践行社会主义核心价值观是您所愿的差异关系，从上表可以看出：是否有社会兼职工作经历对于努力践行社会主义核心价值观是您所愿呈现出显著性（$p<0.05$），意味着是否有社会兼职工作经历对于努力践行社会主义核心价值观呈现出差异性，呈现出 0.01 水平显著性（$\chi^2=14.313$，$p=0.006<0.01$），总结可知：是否有社会兼职工作经历对于努力践行社会主义核心价值观是您所愿全部呈现出显著性差异。而其他两个交叉分析结果显示差异不显著，在此就没有将分析结果列出来。

6. 月消费水平实证分析

表 3-27　月消费水平与认为短视频对社会主义核心价值观传播的影响交叉（卡方）分析结果

题目	名称	12. 您的月消费水平为?（%）					总计	χ^2	p
		1000 元以下	1000-2000 元	2000-3000 元	4000-5000 元	5000 元以上			
22. 您认为短视频对社会主义核心价值观传播的影响是?	积极	1457(75.77)	4133(76.99)	382(76.10)	46(79.31)	53(73.61)	6071(76.63)	37.144	0.000＊＊
	消极	83(4.32)	175(3.26)	14(2.79)	3(5.17)	11(15.28)	286(3.61)		
	说不清楚	383(19.92)	1060(19.75)	106(21.12)	9(15.52)	8(11.11)	1566(19.77)		
总计		1923	5368	502	58	72	7923		

＊$p<0.05$　＊＊$p<0.01$

从表 3-27 可知，月消费水平在 1000-2000 元的学生占比多，不论消费水平多少，认为短视频对社会主义核心价值观传播的影响都占到了 70%以上。其中，消费水平在 5000 元以上的同学认为短视频对社会主义核心价值观传播的影响是消极的占比为 15.28%，高于其他消费水平占比。利用交叉分析（卡方检验）去研究月消费水平对于认为短视频对社会主义核心价值观传播的影响的差异关系，从上表可以看出：不同月消费水平为对认为短视频对社会主义核心价值传播的影响呈现出显著性（p<0.05）差异性，呈现出 0.01 水平显著性（χ^2=37.144，p=0.000<0.01），总结可知：不同月消费水平对于认为短视频对社会主义核心价值观传播的影响全部呈现出显著性差异。

表 3-28　月消费水平与交叉（卡方）分析结果

题目	名称	11. 您的月消费水平为?（%）					总计	χ^2	p
		1000 元以下	1000-2000 元	2000-3000 元	4000-5000 元	5000 元以上			
27. 您觉得短视频内容是否对您的价值观产生了影响?	非常认同	259(13.47)	613(11.42)	59(11.75)	12(20.69)	19(26.39)	962(12.14)	70.637	0.000＊＊
	认同	586(30.47)	1518(28.28)	107(21.31)	10(17.24)	17(23.61)	2238(28.25)		
	中立	840(43.68)	2638(49.14)	271(53.98)	27(46.55)	18(25)	3794(47.89)		
	不认同	238(12.38)	599(11.16)	65(12.95)	9(15.52)	18(25)	929(11.73)		
总计		1923	5368	502	58	72	7923		

＊$p<0.05$　＊＊$p<0.01$

从表 3-28 可知，月消费水平 5000 元以上的学生非常认同短视频内容对价值观产生了影响占比较多（26.39%），同样也是月消费水平 5000 元以上的学生不认同短视频内容对价值观产生了影响占比较多（25%）。利用交叉分析（卡方检验）去研究月消费水平对于觉得短视频内容是否对您的价值观产生了影响的差异关系，从上表可以看出：月消费水平对于觉得短视频内容对您的价值观产生了影响呈现出 0.01 水平显著性（$\chi^2=70.637$，$p=0.000<0.01$），通过百分比对比差异可知，月消费 5000 元以上学生选择非常认同的比例为 26.39%，会明显高于平均水平 12.14%。月消费 4000-5000 元选择非常认同的比例为 20.69%，会明显高于平均水平 12.14%。月消费 2000-3000 元选择中立的比例为 53.98%，会明显高于平均水平 47.89%。月消费 5000 元以上选择不认同的比例为 25%，会明显高于平均水平 11.73%。总结可知：不同月消费水平对于觉得短视频内容是否对您的价值观产生了影响全部呈现出显著性差异。

表 3-29　月消费水平与认同新时代大学生应自觉树立与践行社会主义核心价值观交叉（卡方）分析结果

题目	名称	12. 您的月消费水平为？（%）					总计	χ^2	p
		1000 元以下	1000-2000 元	2000-3000 元	4000-5000 元	5000 元以上			
40. 新时代大学生应自觉树立与践行社会主义核心价值观	非常认同	1335(69.42)	3686(68.67)	379(75.50)	39(67.24)	54(75)	5493(69.33)	81.917	0.000＊＊
	认同	470(24.44)	1374(25.60)	101(20.12)	12(20.69)	9(12.50)	1966(24.81)		
	中立	103(5.36)	252(4.69)	15(2.99)	3(5.17)	6(8.33)	379(4.78)		
	不认同	13(0.68)	41(0.76)	6(1.20)	1(1.72)	2(2.78)	63(0.80)		
	非常不认同	2(0.10)	15(0.28)	1(0.20)	3(5.17)	1(1.39)	22(0.28)		
总计		1923	5368	502	58	72	7923		

＊$p<0.05$　＊＊$p<0.01$

从表 3-29 可知，利用交叉分析（卡方检验）去研究月消费水平对于新时代大学生应自觉树立与践行社会主义核心价值观的差异关系，从上表可以看出：不同月消费水平对于新时代大学生应自觉树立与践行社会主义核心价值观呈现出显著性（$p<0.05$），意味着不同月消费水平对于新时代大学生应自觉树立与践行社会主义核心价值观均呈现出 0.01 水平显著性（$\chi^2=81.917$，$p=0.000<0.01$），月消费 2000-3000 元学生选择非常认同的比例为 75.5%，明显高于平均水平 69.33%。5000 元以上选择非常认同的比例为 75%，明显高于平均水平 69.33%。总结可知：不同月消费水平对于新时代大学生应自觉树立与践行社会主义核心价值观全部呈现出显著性差异。

表 3-30　月消费水平与认同努力践行社会主义核心价值观交叉（卡方）分析结果

题目	名称	12. 您的月消费水平为？（%）					总计	χ^2	p
		1000 元以下	1000-2000 元	2000-3000 元	4000-5000 元	5000 元以上			
48. 努力践行社会主义核心价值观是您所愿	非常认同	1332(69.27)	3683(68.61)	354(70.52)	35(60.34)	53(73.61)	5457(68.88)	54.046	0.000＊＊
	认同	457(23.76)	1368(25.48)	119(23.71)	13(22.41)	13(18.06)	1970(24.86)		
	中立	113(5.88)	258(4.81)	26(5.18)	5(8.62)	4(5.56)	406(5.12)		
	不认同	15(0.78)	37(0.69)	2(0.40)	2(3.45)	2(2.78)	58(0.73)		
	非常不认同	6(0.31)	22(0.41)	1(0.20)	3(5.17)	0(0.00)	32(0.40)		
总计		1923	5368	502	58	72	7923		

＊$p<0.05$　＊＊　$p<0.01$

从表 3-30 可知，不同消费水平的大学生选择非常认同和认同的比例远大于选择不认同和非常不认同的比例，消费水平 5000 元以上学生选择非常认同努力践行社会主义核心价值观是您所愿的比例高于其他消费水平，消费水平为 4000-5000 元学生选择不认同的比例高于其他消费水平。利用交叉分析（卡方检验）去研究月消费水平对于努力践行社会主义核心价值观的差异关系，从上表可以看出：不同月消费水平对于努力践行社会主义核心价值观是您所愿呈现出 0.01 水平显著性（$\chi^2=54.046$，$p=0.000<0.01$）差异。总结可知：您的月消费水平对于努力践行社会主义核心价值观是您所愿全部呈现出显著性差异。

由此，大学生群体社会主流价值观认同特点主要包括如下：

第一，大学生对主流价值观不同维度的认同情况并不一致。以往研究倾向于将“主流价值观认同”当作一个整体进行考察，较少关注大学生分群体对主流价值观内部结构认同的差异。

第二，女性在主流价值观认同方面较男性积极。主流价值观认同的性别视角在现有研究中并不常见。本研究表明，女大学生对道德价值观和时代价值观的认同程度显著高于男性，如果这一结论在今后的研究中能够被进一步证实，将可能对开启价值认同与教育的社会性别有帮助。一方面，这一结论有助于消除女性在创新方面不如男性的刻板印象，增强社会性别平等意识。另一方面，这一结论要求人们深化对不同性别个体主流价值观认同培养的策略考量，针对主流价值观培育的针对性。

第三，政治面貌对于认为短视频对社会主义核心价值传播的认同呈现出显著性差异。政治面貌是中共党员的大学生对主流价值观认同度高于其他大学生，分析其主要原因应该是中共党员的大学生政治学习多，思想觉悟高，接受理论学习和组织生活，从而在认知、情感、意志和行为各方面对于主流核心价值观是认同的。

第四，学生干部身份对于主流核心价值观的认同明显高于不是学生干部的学生。分析其原因，学生干部是老师和学生之间的桥梁，具有较高组织协调能力，奉献意识较强，能够服务师生，综合能力较强，随着学生干部能力的提高，更具有先进性，认知更加成熟，思想觉悟高，综合素质高。

第五，学生做过社会兼职工作，对主流价值观认同度高于其他大学生，分析其原因，做过社会兼职的学生实践经验丰富一些，人生阅历不断增加，世界观也日益成熟。在此条件下，更容易认识到社会主流价值观内容提法的正确性与科学性，也才能够不断调适自身的个人价值观。

第六，消费水平方面，通过实证分析发现大学生消费水平与主流价值观认同成负相关，推测其原因是家庭条件好，主要靠个人，认为自己创造幸福，因此认同度低。而消费水平低，主要是农民家庭，享受国家的补助政策、国家脱贫攻坚等政策，因此认同度高。

（二）短视频对大学生社会主义核心价值观认同影响的总体分析

1. 短视频传播社会主义核心价值观现状

对于现状的调查，主要涉及大学生刷短视频时是否看到过社会主义核心价值观类短视频、刷到的频率、看到的传播来源，以及印象深刻的传播类型（见表3-31）。

表3-31　短视频传播社会主义核心价值观统计结果

传播因素	类别	样本数量	百分比
是否看到过社会主义核心价值观类短视频	是	7107	91.2%
	否	682	8.8%
刷到社会主义核心价值观类短视频的频率	很少	1286	16.5%
	偶尔	3728	47.9%
	经常	2775	35.6%

续表

传播因素	类别	样本数量	百分比
看到传播社会主义核心价值观短视频来源	人民日报等主流媒体传播	6851	88%
	政府主办的政务媒体	5091	65.4%
	共青团中央、高校主办的机构媒体	5833	74.9%
	商业化平台媒体	2186	28.1%
	网民自媒体传播	2936	37.7%
印象深刻的传播社会主义核心价值观的短视频类型	情理交融型	4204	54%
	以情动人型	1650	21.2%
	以理服人型	1935	24.8%

从调查数据看，短视频传播社会主义核心价值观有一定覆盖率，91.2%的大学生表示曾经刷到过此类短视频，但是传播频率有待提高，47.9%偶尔刷到、35.6%经常刷到、16.5%很少刷到。从传播来源看，主流媒体（88%）>机构媒体（74.9%）>政务媒体（65.4%）>自媒体（37.7%）>商业化平台媒体(28.1%)。主流媒体是传播社会主义核心价值观的主要媒体来源，同时也要注意到商业化平台媒体在传播社会主义核心价值观力度上还可以再提高。从大学生对不同类型短视频印象来看，情理交融型（54%）>以理服人型(24.8%）>以情动人型（21.2%)。大学生具备一定的理性思维，在制作传播社会主义核心价值观类短视频中应考虑此因素，避免纯粹的说教与过度的煽情。

2. 短视频与大学生社会主义核心价值观认同的关系

问卷调查中通过设置相关题目，以探明短视频与社会主义核心价值观认同之间存在关联度（见表3-32）。

表 3-32　短视频与大学生社会主义核心价值观认同关系统计结果

关联因素	类别	样本数量	百分比
哪些媒体影响价值观形成	短视频	5341	68.6%
	传统媒体	4246	54.5%
	社交媒体	4548	58.4%
	其他	136	1.7%
短视频内容是否对您的价值观产生影响	非常大的影响	951	12.2%
	比较大的影响	2202	28.3%
	一点点影响	3726	47.8%
	没有影响	910	11.7%
您认为短视频对社会主义核心价值观传播的影响是	积极	5968	76.6%
	消极	282	3.6%
	说不清	1539	19.8%

从影响大学生价值观形成的媒体因素看，短视频形成的影响（68.6%）>社交媒体（58.4%）>传统媒体（54.5%），传统媒体对大学生价值观的影响弱于短视频和社交媒体，还有大学生认为，书籍和与人交往影响价值观形成。从短视频影响大学生价值观的程度看，88.3%的大学生认为有影响，认为没有影响的占比 11.7%。从短视频影响社会主义核心价值观的影响向度看，76.6%的大学生认为短视频对社会主义核心价值观传播存在积极影响，19.8%的大学生选择说不清，3.6%的大学生认为短视频对社会主义核心价值观存在消极影响。

3. 短视频对大学生社会主义核心价值观认同的积极影响

调查过程中发现，短视频对不同层面社会主义核心价值观传播内容存在差异。且短视频传播方式、传播特征存在增强社会主义核心价值观认同的效果（见表 3-33）。

表 3-33　短视频对大学生社会主义核心价值观认同的成效积极影响统计结果

选项	类别	样本数量	百分比
短视频传播社会主义核心价值观内容的多层面	国家层面	2515	32.3%
	社会层面	2531	32.5%
	个人层面	1111	14.3%
	一样多	1632	21%
短视频哪些方面有利于传播社会主义核心价值观	融入生活场景	6453	82.8%
	形式新颖	4853	62.3%
	互动性强	4419	56.7%
	情绪感染力	4660	59.8%
	其他	372	4.8%
社会主义核心价值观类短视频引起哪些方面的变化	认知	6527	83.8%
	情感	4904	63%
	意志	4928	63.3%
	实践	4184	53.7%
	无变化	375	4.8%
短视频中正能量榜样人物故事的积极情感是否会感染您	经常会	5034	64.6%
	偶尔会	2401	30.8%
	不会	198	2.5%
	说不清	156	2%

如表 3-33 所示，从覆盖率看，79%的大学生认为短视频在传播社会主义核心价值观不同层面方面存在差异，社会层面（32.5%）>国家层面（32.3%）>个人层面（14.3%），短视频传播社会主义核心价值观内容个人层面与国家层面、社会层面之间存在差距，需要加强。短视频在传播社会主义核心价值观方面的创新性表现为，融入社会场景（82.8%）>形式新颖（62.3%）>情绪感染力（59.8%）>互动性强（56.7%）>其他（4.8%）。短视频培育社会主义核心价值观认同的不同层面之间也存在差距，认知认同（83.8%）>意志认同（63.3%）>情感认同（63%）>实践认同（53.7%）>无变化（4.8%）。短视频中榜样人物积极情感存在较强感染力，95.4%的大学生表示会受到感染。

4. 短视频对大学生社会主义核心价值观认同的消极影响

表 3-34　短视频对大学生社会主义核心价值观认同消极影响统计结果

选项	类别	样本数量	百分比
短视频传播社会主义核心价值观过程存在问题	视频来源单一，数量不足，质量不高	4151	53.3%
	内容感性化倾向明显，理性思考不足	4500	57.8%
	形式娱乐化，实质内容被弱化	4338	55.7%
	多元思潮冲击社会主义核心价值观	2644	33.9%
短视频传播内容存在的社会思潮类型	西方价值观	3402	43.7%
	历史虚无主义	2540	32.6%
	享乐主义	4775	61.3%
	新自由主义	4476	57.5%
	其他	188	2.37%

如表 3-34 所示，短视频传播社会主义核心价值观存在多方面问题，如内容感性化倾向明显，理性思考不足（57.8%）；娱乐主义化，实质内容弱化（55.7%）；短视频来源单一，数量不足，质量不高（53.3%）；多元思潮对社会主义核心价值观认同的冲击（33.9%）等。短视频空间存在多种思潮，主要包括享乐主义（61.3%）、新自由主义（57.5%）、西方价值观（43.7%）、历史虚无主义（32.6%）、其他（2.37%）。

结合以上数据分析，短视频在培育大学生社会主义核心价值观方面具有积极的、正向的作用，但同时也要意识到，还存在一些不足。

首先，大学生社会主义核心价值观整体认同度高，但依然有少数大学生对于社会主义核心价值观认知不清楚、认同度低。

其次，短视频在传播不同层面社会主义核心价值观方面存在差异性。传播的差异性导致大学生对社会主义核心价值观认同存在多种差异。因此应根据大学生特征、不同价值概念的特征进行精准传播，以达成精准思政目标。短视频增强认知认同、情感认同、意志认同、实践认同之间存在差距，如何促进不同认同之间相互转化成为关键问题。

此外，短视频对大学生社会主义核心价值认同也存在消极影响。短视频占用大学生日常时间，使大学生沉溺于虚拟世界中，忽视了现实交往；短视频碎片化传播，影响大学生逻辑思维的形成，同时不利于社会主义核心价值观系统性传播；短视频娱乐化倾向，低俗作品影响大学生审美；短视频传播多元社会思潮，不利于大学生做出正确的价值判断等。短视频产生消极影响的原因是复杂多样的，因此需要进一步归纳思考，分析消极影响的成因。

第三节　短视频对大学生社会主义核心价值观认同消极影响的成因分析

短视频对大学生社会主义核心价值观认同的影响包括积极影响与消极影响，消极影响不利于思想政治教育目标的实现。消极影响产生的原因也是复杂的，可以概括为短视频运行逻辑与社会主义核心价值观价值之间存在矛盾、多元社会思潮影响社会主义核心价值观主导地位、社会主义核心价值观与短视频融合不足、短视频提升大学生社会主义核心价值观认同培育的复杂性等多方面原因。

一、短视频运行逻辑与社会主义核心价值观之间存在矛盾

“网络已是当前意识形态斗争的最前沿。”① 短视频运行逻辑特性一定程度上制约大学生社会主义核心价值观认同。“更为深刻的技术转变正在发生：我们据以思考一切过程的范畴正在转变。”② 短视频的发展依赖技术的快速发展。人工智能技术虽然提升了短视频的吸引力，拓展了短视频的功能，但技术的两面性也影响着大学生对社会主义核心价值观的认同。

（一）短视频技术理性与社会主义核心价值观价值理性之间存在矛盾

正如刘易斯·芒福德在《技术与文明》中所展现的，技术日益渗透到人的生活实践，并且嵌入社会结构之内，逐渐与人类建立起某种“契约”关系，“让渡权限”的人作为技术的创造者，并不能自由选择使用或放弃技术，技术自主性增强，人的主体性渐落。③ 技术与人类的关系，从人类体外慢慢成为人

---

① 习近平．论党的宣传思想工作［M］．北京：中央文献出版社，2020：22.

② ［美］曼纽尔·卡斯特．网络社会的崛起［M］．夏铸九等译．北京：文献出版社，2001：83-84.

③ 孙恩慧，王伯鲁．技术化时代的拒绝主体困境及其超越［J］．天津社会科学，2021（04）：14-21.

体的一部分，人与技术融合加深，同时，技术超越人体的地位，从工具成为人体一部分再到人类难以脱离的机器。技术自主性增强与人类自身权限的让渡之间的矛盾。技术造成的“待机更迭”，如不能与新技术和谐相处，群体就会被驱逐出技术之外，并被社会排挤，成为“技术—社会”外的“圈外人”。

1. 短视频技术理性与社会主义核心价值观价值理性矛盾本因

短视频成为大学生社交的手段与载体，但是大学生群体在使用短视频上也存在选择和表达的差异性，短视频带来一种新的不平等。短视频技术理性与社会主义核心价值观矛盾，本质上是“技术发展与教育发展之间存在结构性冲突”①。

短视频脱域机制冲击现实生活秩序。短视频具有脱域特点，脱离了特定时空的限制，打破国界、地域、时间限制，使大学生不再受到时空限制，可以自由地交往，价值取向、思想观念、生活方式相互交融，发展为吉登斯所言的脱域化效应②。“脱域机制的发展使得时间空洞化（the empting oftime），它脱离了地点的限制。”③ 大学生从短视频中了解其他人的生活，遥远地域发生的事件会对他们产生影响。短视频冲击、消解着现实的社会关系，挑战个体的主体性。换言之，短视频解构原有的现实身份认同，使大学生具有新的身份，本质是对现实的一种逃避。

短视频传播意识形态隐藏性。短视频成为意识形态争夺的新阵地，而短视频的媒体特性使其空间意识形态斗争具有隐蔽性、情感性等特征。短视频技术并不是中立的，具有意识形态属性。短视频技术本身含有意识形态属性。“统治的既定目的和利益，不是后来追加的和从技术之外强加上的，它们早已包含在技术设备的结构中”④。从技术角度看，短视频作为互联网技术发展的产物，其意识形态、通过蕴含在技术中的合理性来证明自身的合法性。“现代技术与科学是一种否定性的力量，作为意识形态，它已经蜕变为一种统治的合法性”⑤。意识形态依赖短视频技术有效传播并隐藏在技术中以发挥自己作用。当前在商业平台、社交媒体平台、直播平台，都可能存在意识形态之间

① 张家年，谢阳群．刍议信息技术作用效应及其应对策略［J］．情报理论与实践，2013（6）：32-36.

② ［英］安东尼·吉登斯．现代性的后果［M］．田禾译．南京：译林出版社，2000：15-18.

③ 王成兵，吴玉军．虚拟社会与当代认同危机［J］．北京师范大学学报（社会科学版），2003（05）：58-63.

④ ［德］哈贝马斯．作为“意识形态”的技术与科学［M］．李黎，郭官义译．上海：学林出版社，1999：39-40.

⑤ 俞吾金．从意识形态的科学性到科学技术的意识形态性［J］．马克思主义与现实，2007（03）：14-17.

的斗争。首先，通过信息传播、娱乐吸引等方式诱导大学生在不知不觉中接受其价值判断，以期在网络空间瓦解社会主义核心价值观认同基础。其次，短视频具有高连接性，会引发价值实践，使意识行动斗争从虚拟空间转化到现实空间。敌对势力打着自由交往的幌子，以物质利益或虚幻价值引诱用户及网络意见领袖从事符合其利益需要的活动，使用户做出攻击主流意识形态的行为，从而危及社会主义核心价值观认同。短视频主体实践行为容易脱离现实社会关系束缚，实践结果具有难预测性。短视频通过海量碎片化信息进行无序或有序的关联，来传达某种意识形态。短视频含有的意识形态特征一方面容易被一些敌对势力利用，向大学生传播西方的价值观念与意识形态，另一方面则会遮蔽泛化主流意识形态。

2. 短视频技术理性与社会主义核心价值观价值理性矛盾呈现

算法推荐形成信息茧房，圈定大学生价值观。短视频推送依赖算法技术，算法推荐加重价值偏向。算法改变传统新闻价值观念，依据场景、用户关系、用户兴趣、用户偏好、使用时间等因素筛选信息，对用户进行推送，用户的需求成为衡量新闻的价值标准。算法通过信息足迹精准记录用户网络行为，生成专属用户的“个性画像”。平台根据画像描绘用户的喜好列表、定制特色标签，进行“个性推送”。调查显示，“大学生群体短视频观看内容调查中，有40.92%的用户表示更倾向于个性推送内容”①。这就意味着，大学生对短视频的观看选择主要取决于平台推荐。一方面形成同质化社交网络；另一方面大学生看到的视频雷同，形成文化屏障，“我们只听我们选择的东西和愉悦我们的东西的通讯领域”②。长久接受相似价值观的短视频，即会产生价值茧房。

短视频技术理性造成大学生异化。短视频作为一种媒介技术，把用户框定在技术的话语中，利用大数据、算法推荐随意存储用户的数据，弱化消解大学生主体意识，导致大学生异化。“劳动所生产的对象，即劳动的产品，作为一种异己的存在物，作为不依赖于生产者的力量，同劳动相对立。”③ 异化分为几个层次，劳动对象异化、自然界异化、劳动过程异化、类的异化。类的异化也是自我异化，使人的活动技能异化。短视频的异化具有特定的意义，短视频作为一种媒体，丰富大学生生活，但是娱乐化内容泛滥，大学生沉溺于短视频中不能自拔，成为一种异化力量，具体而言包括三个层次。首先，

---

① 黄海鹏，门瑞雪，曲铁华．短视频文化影响下的大学生价值观现状透视［J］．学校党建与思想教育，2019（18）：86-89.

② ［美］凯斯·桑斯坦．信息乌托邦：众人如何生产知识［M］．毕竟悦译．北京：法律出版社，2008：8.

③ 马克思恩格斯文集（第1卷）［M］．北京：人民出版社，2009：56-157.

短视频导致大学生习惯虚拟交往，忽视现实交往的意义。其次，短视频片段化、煽情性容易使大学生失去判断力与思考力。最后，大学生空闲时间被占用，不知不觉中成为短视频平台剥削以获得利润的对象。短视频平台的技术理性存在与社会主义核心价值观的价值本质冲突，表现在具体价值选择中，体现为个人价值与社会价值的矛盾、物质价值与精神价值的矛盾。

短视频构成“异位空间”影响大学生身份认同。“这种网络空间往往被体验为一另类空间，一种向我们传统的物理性的社会空间发出挑战的异位空间”①。短视频的脱域机制使交往超越空间的限制，短视频虚拟空间的交往是一种半缺场交往，交往对象的身份隐匿于视频之中，同时又通过视频图像等形式看到交往对象的形象。短视频的半缺场交往不仅超越了空间的限制，还可以有时间上的滞后性。大学生可以在短视频空间沟通信息、交往互动、教育娱乐，同时现实社会的规则在短视频空间也被淡化。大学生原本的身份与群体认同在短视频交往中隐匿，而实体权力难以有效约束半在场交往，最终导致短视频成为一种“异位空间”。此外，短视频技术成为一种新的规则，现实的社会秩序在短视频交往中解体，主流价值观念也正在变弱，形成价值观的分裂交往的界限。概言之，短视频脱域机制使社会秩序存在一种分裂，影响大学生对社会主义核心价值观的认同。

（二）短视频经济理性与社会主义核心价值观价值理性之间存在矛盾

价值观念与社会形态变迁密不可分。从历史形态来看，人的社会实践在长时段的历史沿革中呈现出三种形态，即建立于自然经济基础上的依附形态，以对物的依赖为基础的相对独立形态，人的自由发展形态。② 这三种形态既是人与社会关系发展的过程与脉络，也说明经济制度是其中基础性的力量，最具活力和影响力，价值体系随之变迁、沿革。短视频复杂的经济利益环境使价值观变得多元，为物质主义、享乐主义、消费主义等负面思潮的存在提供了机会。短视频空间人与人之间的交往转化为金钱关系与商品关系，使大学生将物质至上作为价值观念，追逐本能的满足、感官的刺激与幸福。

1. 短视频平台存在流量至上的生产原则

短视频平台化发展趋势中内含着资本运作逻辑。“文化工业一方面是资本主义社会中操纵大众意识形态的工具，另一方面又是服从于资本主义商品交换逻辑的，总而言之，是为资本主义制度服务的”③。当前大学生经常接触的

---

① 蔡文之．网络：21世纪的权力与挑战［M］．上海：上海人民出版社，2007：69-70.

② 孟茹玉．论价值认同的生成机制与教育理路［J］．思想理论教育，2019（05）：59-63.

③ 石义彬，单波．西方新闻与大众传播理论表述活动的历史与逻辑［J］．新闻与传播研究，2000（02）：39-54+96.

短视频平台主要包括抖音、哔哩哔哩、小红书等。这些平台多数是商业媒体控股，也是其与主流媒体的根本区别。短视频的逐利性，催生“眼球效应”，为达到被关注和吸粉效果，传播者借助煽情文字、断章取义的图片或者视频以诋毁、非理性态度随意裁剪社会主义核心价值观教育内容，同时把“自由、民主、平等、法治”西方价值观体系纳入传播过程，导致大学生思想认识混乱，造成社会主义核心价值观传播偏差。

短视频商业平台资本特性形成以经济利益至上的原则。短视频平台推荐或是根据流量来进行热门推送，或是通过榜位招商来进行推送。这两种方法本质上都属于以经济利益为目标，容易使一些低俗内容占据榜位。具体到内容选择上，依托算法对热度内容进行推荐。而热度内容又是根据用户点赞、评论来决定的，容易形成对大众化、流行文化的追逐而忽视思想性、理论性内容。短视频产品作为文化产品，关乎用户利益和国家利益。但是短视频平台本身作为商业产品，其根本目的是获取商业利益最大化。短视频用户前期积累粉丝、拍摄视频或是单纯出自兴趣，但当粉丝数量积累到一定程度，就会以获得代言、推销产品为目的。短视频平台方便的橱窗功能为用户实现粉丝变现提供渠道。大学生作为短视频重要用户群体会受到经济利益至上的影响，不仅影响拍摄短视频行为，还会影响到价值观的生成，甚至在职业选择上，将成为网红作为自己的理想。

短视频商业平台的逐利性割裂了精神价值与物质价值的关系。短视频中充斥着拜金主义、炫富等素材，会冲击大学生精神价值。马克思强调要正确看待物质价值与精神价值的关系，“只有以崇高的精神价值来引导物质价值，才能不断提升人生价值”①。但是当前短视频平台的商业属性渗透到短视频内容选择中，虽然也有传播精神价值的视频内容，但是基于算法推荐及用户层次性，导致平台内容发布一些炫富炫美的内容，重视物质价值将使精神层面的传播处于劣势，会对正处于价值生成期的大学生产生价值误导，使其沉迷于物质享受，忽略精神追求。

2. 短视频平台资本垄断风险威胁意识形态安全

短视频平台的资本扩散性会形成资本积累。一些大型平台为获得垄断利润，兼并其他平台，获得网络空间话语霸权。

短视频平台垄断获得话语霸权。大型短视频平台具有垄断性，会兼并其他平台，因此，一定程度上会抬高短视频入门门槛，设置资金、政策等限制条件。市场较为热门的短视频平台其实属于同一公司，如抖音、火山小视频、

① 吴向东．论价值观的形成与选择［J］．哲学研究，2008（05）：22-28+57

西瓜视频同属于今日头条。短视频平台的兼并性、垄断性不仅表现在短视频市场上几家独大，资金弱小的短视频平台难以获得流量。同样表现在短视频平台内部，短视频生成市场为了维护垄断性，使有限界面满足于其运作功能，短视频平台会针对明星、名人、机构、企业开启加V功能，以使得其呈现的内容霸屏。对于普通用户而言很难获得热门区、推荐区的机会。短视频平台垄断性不仅使这些平台获得巨大的经济权力还使之垄断话语权力，一方面导致资本绑架用户，无序扩张；另一方面也对信息控制权、政治传播权带来挑战，不仅破坏市场公平公正还导致言论市场的权力集中，使短视频空间从言论集市变成教堂。短视频平台垄断性不仅不利于大学生价值观生成环境的打造，还会与社会主义核心价值观的社会性形成分割，甚至影响意识形态安全。

短视频平台资本垄断性影响网络舆论安全。短视频平台多属于垄断性外资或私人资本控制平台，“它使人和人之间除了赤裸裸的利害关系，除了冷酷无情的‘现金交易’，就再也没有任何别的联系了”①。由平台垄断控制的网络舆论“是按照资本意志呈现出的虚假的上层建筑景观”②。资本通过平台内容的可见与不可见显现，压制主流价值观，操控舆情。我国短视频网络空间中，私有资本力量为保障其达到追逐利益的目的无孔不入，不断谋求扩张势力。一方面，传播过程诱导网络舆论走向，“资本集团按照自己的需要，培育自己的文化精英，将社会的舆论权和话语权交托给文化精英掌握”③。解构马克思主义话语权，为非马克思主义传播开辟场域从而削弱马克思主义影响力。另一方面，通过算法技术从信息层面控制信息传播，主流话语因不符合资本逻辑，被排除在外。

短视频的商业化，“从根本上改变了公共领域的性质和特征，使其从理性与批判论争的场所逐渐蜕变为一个文化消费领域”④。公共领域公共性被私人化利益取代。短视频平台的资本渗透风险会宣扬利己主义，用个人利益否定集体利益，使大学生中出现拜金主义、个人主义、利己主义错误倾向，继而影响大学生对社会主义核心价值观的认同。

二、短视频传播社会思潮影响社会主义核心价值观主导地位

多元文化的共存是现代文化发展的事实，短视频传播内容包含多元文化，

① 马克思恩格斯选集（第1卷）［M］. 北京：人民出版社，2009：403.

② 方旭. 资本意志渗透网络舆论的运行机制、表征及风险防范［J］. 毛泽东邓小平理论研究，2022（03）：91-98+109.

③ 李希光，毛伟. 资本逻辑主导下的新闻媒体发展困局［J］. 青年记者，2015（21）：12-13.

④ 石义彬，单波. 西方新闻与大众传播理论表述活动的历史与逻辑［J］. 新闻与传播研究，2000（02）：39-54、96.

需要以包容心态接受文化多样性。但也应该意识到多元文化的产生会使持有不同观念的用户试图获得更多话语权，会影响主流意识形态在短视频空间的主导地位。短视频形成新的舆论场，“具有自发性、突发性、公开性、多元性、冲突性、匿名性、无界性、难控性等特点”①。文化多元性还会将西方文化渗透到短视频传播内容中，短视频的开放性为西方意识形态传播提供机会与可能。短视频多元文化复杂性集中表现为社会思潮的多样性、隐蔽性、消解性。短视频文化环境复杂性集中表现为社会思潮泛滥，社会思潮泛滥会对大学生的价值观念、道德修养、审美倾向、是非观念等造成负面影响和冲击，恶化了文化生态。

（一）短视频传播社会思潮的多样性表征

“社会思潮是指某一时期内在某一阶级或阶层中反映当时社会政治情况而有较大影响的思想潮流。”② 短视频传播社会思潮具有多样性。短视频“文化生态可以分为三部分，即红色地带、黑色地带和灰色地带。其中红色地带是以社会主义核心价值观为主导的主流意识形态，黑色地带是以对抗、失望、愤懑、焦虑等负面情绪为主，灰色地带介于前两者之间。③ 短视频多元文化思潮冲击大学生对社会主义核心价值观的认同。

（二）短视频传播社会思潮的隐蔽性表现

社会思潮的产生基于客观现实基础。当前“互联网已经成为舆论斗争的主战场”④。社会思潮在短视频传播中具有传播内容与方式的隐蔽性，新自由主义、民主社会主义、历史虚无主义等在高校学生中产生一定影响，造成一定的思想混乱。

社会思潮传播内容隐蔽性。首先，社会思潮借助网络舆论进行传播。短视频社会思潮以突发事件为指向对象，进行舆论诱导，借机攻击公权力机关。或者在境内培养西方国家舆论代理人，使用网络水军、社交机器人引导舆论方向，在潜移默化中传播社会思潮。如利用短视频推送新自由主义等社会思想，弱化社会主义核心价值观作用。其次，借助知识分享传播社会思潮。短视频以知识普及、知识辩论为手段，通过俘获公知，宣传错误思潮。还通过

---

① 中共中央文献研究室编．习近平关于社会主义文化建设论述摘编［M］．北京：中央文献出版社，2017：45.

② 佘双好．当代社会思潮对高校学生影响的特点及对策研究［J］．思想理论教育导刊，2010（10）：77-83.

③ 于安龙，刘文佳．微文化对大学生社会主义核心价值观教育的影响及对策［J］．中国青年研究，2014（11）：107-111、97.

④ 习近平总书记系列重要讲话读本［M］．北京：学习出版社、人民出版社，2016：204.

错误思潮图像化、视频化躲过平台的内容审查。最后，短视频具有分享功能，扩大错误思潮的传播范围。短视频除了在平台内传播还可以分享到其他视听平台，通过微博、微信、QQ 等社交平台进行跨平台传播。社会思潮类短视频通过扩散式传播，引发二次传播并形成强大的聚焦度。

社会思潮传播方式隐蔽性。首先，采用情感化、故事化传播的方式。短视频并不是以理性方式系统传播社会思潮，而是采取感性、日常生活体验的方式呈现社会思潮。社会思潮被短视频故事性包装，大学生难以识别真正面目，存在认知偏差，其宣传的目的也是在潜移默化中影响大学生的认知与行为。短视频在多元开放环境下，社会思潮并不以观点正确性、理论完整性来吸引大学生，而是以新奇、情感、故事性来吸引大学生。这种传播特点，既加大管控的难度，也更容易吸引大学生注意。大学生由于其本身有好奇心，对各种社会现象存在探究心理，受社会主义市场经济等因素影响，大学生思维方式发生了变化，他们习惯于从微观、感性角度去思考问题，更注重对现实问题的解决，在具体现实中发展、养成价值观念，他们关注个人生活领域。因此，大学生更多是以感性方式和从具体日常生活中体会各种社会思潮。其次，以虚假性吸引受众。短视频空间各种社会思潮客观上迎合了大学生心理，通过对现实问题的关注，吸引大学生，用表象的观点掩盖本质。一方面，短视频空间中，社会思潮以视频化形式传播意识形态的信息被轻松幽默的风格包装，使大学生很容易陷入西方传播的社会思潮中。另一方面，短视频平台通过后期剪辑、特技等效果扭曲事件真实情况，以虚假内容吸引大学生注意。如在历史类短视频中，通过恶搞侮辱烈士，曲解英雄，使大学生陷入历史虚无主义、新自由主义、民粹主义社会思潮中。视频传播社会思潮具有隐蔽性形式。各种社会思潮以非系统、非正规的方式对大学生产生直接、间接的影响。

社会思潮传播途径的隐蔽性。西方意识形态利用短视频虚拟性在价值情感上增强其吸引力。短视频情境是变化的，可选择、可创造的。敌对势力充分利用不同网络情境来满足大学生主体情感需要。“情境依赖性是网络思想政治教育主客体关系最为重要的特征。”[①] 西方敌对势力利用先进的网络技术，不断将其价值倾向融入虚拟情境之中，充分挖掘网络技术的意识形态特性，创造出让用户沉迷的虚幻交互场景。在虚拟体验中渗透价值情感，吸引用户背离马克思主义价值观要求，转而接受西方价值观念。

短视频的评论区域也成为意识形态斗争的新形式，一则视频下数千条或

---

① 张再兴等．网络思想政治教育研究［M］．北京：经济科学出版社，2009：198.

更多的评论为识别反主流意识形态言论增加了难度。短视频空间意识形态斗争的特性决定了其复杂性和控制的难度，需要创新斗争形式，应对意识形态斗争。

（三）短视频传播社会思潮的负面效果

短视频传播错误社会思潮表现形式多种多样，对社会主义核心价值观产生某种程度的干扰、消解、抵消作用。如果听任短视频空间社会思潮的传播和流行，势必对大学生价值观的形成和发展产生消极影响。

社会思潮非主流特点消解社会主义核心价值观。从一定程度看，社会思潮“对社会主导价值观念具有冲突、抵消和消解作用。因此社会思潮具有非主流特点”①。社会思潮会作用于大学生思想、生活，吸引、分散大学生注意力，“也增加了人们辨别是非的难度，难免陷入价值困惑乃至迷失方向”②。同时社会思潮之间存在相互关系，内在联系彼此会相互渗透，对一类社会思潮的了解会增加对另一种社会思潮的认知，具有认知上的联系性。因此，不同社会思潮的负面效果会叠加、扩大其影响。

社会思潮负面效果具有多层面性。短视频空间社会思潮呈现方式是融合多种传播元素的视频，传达内容更真切，达到认知、心理、行为三个层面传播效果，能够引发受众模仿行为。如抖音上网红发布视频，众多粉丝转发、模仿，形成网络流行，并深入现实生活。00 后大学生从小受到网络动漫、电影、电视剧的影响，有彰显自我、个性等特点。大学生的人生观、价值观、世界观正在形成中，短视频平台用户包含一些素质文化、学历较低的用户，视频内容良莠不齐。一些传播优越物质生活的视频会诱发拜金主义、享乐主义、个人主义。使大学生忽略集体利益，变成利己主义者，不仅在思想上与社会主义核心价值体系的集体观形成冲突，还会渗透到观念与行为中。“特别是处在当前这样一个信息爆炸的社会，他们很难对来自四面八方并且复杂多样的信息加以甄别并做出比较客观、全面的分析”③。这表明，社会思潮“使话语转化为支配受众行动的思想和价值观念”④。短视频空间传播的社会思潮会通过其渗透性影响大学生的价值观并可能支配其行为，从认知、态度、行为多个层面消解社会主义核心价值观的引领作用，使大学生容易缺失信仰，

---

① 佘双好．当代社会思潮的内涵、特征及其研究意义［J］．学校党建与思想教育，2011（19）：7-11.

② 王易，许慎．当代社会思潮对大学生思想行为影响的规律与对策研究［J］．湖北社会科学，2014（2）：167-171.

③ 洪光东．当前大学生思想状况及对马克思主义大众化认知的调查与思考［J］．黑龙江高教研究，2014（04）：15-18.

④ 陈伟军．社会思潮传播与核心价值引领［M］．北京：人民出版社，2015：4.

陷入焦虑与孤独、精神迷离失措，走向虚无化、平庸化、冷漠化。

三、社会主义核心价值观与短视频融合不足

短视频与社会主义核心价值观的融合缺乏深度，存在形式化、边缘化的风险。融合不足，一方面不利于短视频良性发展；另一方面不利于大学生正确价值观念的形成。因此，融合的深度与广度有待提升。

（一）社会主义核心价值观引领短视频发展不足

当前存在社会主义核心价值观引领短视频发展不足现象。在短视频传播过程中，社会主义核心价值观存在失语、引领网络热点事件不足、引导大学生判断力不足等问题。

社会主义核心价值观失语。价值观是抽象的、概括的，需要与生活实践结合，在实践中增强引领力。短视频传播中呈现出多元思潮，包括非主流意识形态、逆主流意识形态。短视频场域，多元社会思潮的传播，会吸引大学生有限的注意力，甚至错误的社会思潮会冲击社会主义核心价值观的主导地位。社会主义核心价值观的失语不仅会使大学生陷入价值观困惑，还会在意识形态斗争中丧失阵地。短视频空间社会主义核心价值观针对热点事件评论存在不及时、不充分等现象，导致引领热点事件不足、引导大学生判断力不足等缺位现象。

社会主义核心价值观引领网络热点事件不足。短视频成为热点事件产生、爆发传播的新空间，主流媒体对热点事件的报道、解释、评价存在缺位现象，没有在第一时间做出回应与解答，使网络舆论背离意识形态方向。错误思想渗透到短视频中，通过视频评论吸引用户注意，占据舆论高地。网络舆论在短视频空间的导向作用是隐形、间接、渗透的，谁掌握了舆论方向，谁就控制了用户心理。大学生社会主义核心价值观认同需要发挥主动性。“曾经被认为是绝对的、普遍的、永恒的，或者被盲目接受的规范和真理，正在受到人们的质疑。”① 短视频传播背景下，社会主义核心价值观的阐述、表达是影响传播效果的关键因素，一些突发事件的敏感度高、社会涉及面广、影响广泛，会引起网民的注意。如果政府、主流媒体和相关机构对于突发事件的信息发布滞后、舆论引导不及时，就容易滋生谣言。

社会主义核心价值观指导大学生实践不足。大学生处于“拔节孕穗”期，其价值观生成是一个依赖于社会实践的、动态变化的过程。虚拟网络、社会

① ［德］卡尔·曼海姆．意识形态与乌托邦［M］．黎明等译．北京：商务印书馆，2000：3.

思潮极易影响大学生价值观念与道德行为①。在对中国社会发展出现的问题进行分析时，思想政治教育者有时难以以社会主义核心价值观为价值标杆，有效地对大学生价值观进行引导。

（二）短视频传播社会主义核心价值观创新性不足

短视频在传播过程中，存在形式单一、模式单一等问题。短视频仅作为一种传播社会主义价值的载体，而没有真正发挥其作用。

1. 短视频传播社会主义核心价值观形式单一

短视频传播社会主义核心价值观存在形式单一的现象，具体表现为：忽视短视频传播的特性，直接截取电视新闻通过短视频平台发布，内容上缺乏吸引力与完整度；有些短视频以 PPT 加音乐，通过短视频的闪动等动态效果制造画面流动的假象。这类短视频从传播效果看，只是通过截取、组合的方式简单加工，没有真正把握短视频的特性，在海量视频中难以吸引大学生注意。

2. 短视频传播社会主义核心价值观内容同质

从传播类型看，直播、电视视频、微纪录片等同类型产品出现，短视频的传播优势难以得到发挥；从传播题材看，内容题材相似，依托重大节日进行主题创造，传播内容重宏大叙事，或者以大学生群体的接力唱歌形式宣传。传播内容的同质化容易使大学生产生审美疲劳，难以产生共鸣，影响认同的效果。

（三）短视频传播社会主义核心价值观互动性不足

互动不足会影响传播效果。短视频传播社会主义核心价值观关键环节在于与大学生的互动，互动是促进价值观内化与认同不可忽视的因素。互动有利于促进价值观内化。②

1. 互动性思维简化

短视频网络空间社交关系中缺乏互动性思维，依然通过短视频“灌输”思想。这就需要短视频将传播社会主义核心价值观的过程改变说教的方式，重视大学生的需要与利益，达到情感与利益满足。总之，大学生对价值观的接受是根据个人的需求和兴趣来决定的，要发挥短视频优势，强化互动性思维。

---

① 沈壮海，肖洋．2016 年度大学生思想政治状况调查分析［J］．思想理论教育导刊，2017（1）：108-113.

② 桑国标．学校心理咨询基础理论［M］．上海：上海人民出版社，2008：471-472.

2. 互动方式有限

短视频传播社会主义核心价值观方式和方法难以满足大学生需要。“主流意识形态宣传的形象，依然存在着简单化的倾向。”① 从互动方式看，通过弹幕、分享、收藏、评论、点赞等方法进行互动，这种互动虽然形式多样，但是互动双方可能存在不同步性。从互动深度看，单个主体回复在线的用户，难以满足每个用户的需求，解答其困惑。“培育和践行社会主义核心价值观，不断增强意识形态领域主导权和话语权。”② 短视频传播的互动性方式难以有效吸引大学生注意。

（四）短视频传播社会主义核心价值观缺乏长效性

短视频传播的碎片化特征会影响培育效果。短视频增强大学生社会主义核心价值体系认同是一个系统工程，不仅要考虑到短视频特性、大学生特征，还要考虑到社会、家庭多重影响。

1. 短视频传播社会主义核心价值观碎片化

当前由于主客观多方面的原因，短视频传播社会主义核心价值观存在断裂性。一方面，短视频空间作为用户活动的虚拟空间存在着“碎片化”，即各种利益群体在空间分化、解构，多种价值观在空间共存。另一方面，社会主义核心价值观具有整体性。“这个概括，实际上回答了我们要建设什么样的国家、建设什么样的社会、培育什么样的公民的重大问题”③。社会主义核心价值观在短视频空间以片段化的形式呈现，彼此之间缺乏内在的有机联系。

2. 短视频传播社会主义核心价值观的非常态化

与传统思想政治教育相比，短视频的流动性改变了特点时空内传播的可能，价值观的培育是流动的、非组织性的，会导致传播效果的非常态化。由于短视频传播的过程连续性、整体性不足，导致在提高大学生对社会主义核心价值观认同度时作用较弱。究其原因，一方面是由于短视频相关内容传播源自“自上而下”的组织形式，作为主体的大学生经常处于被动状态；另一方面由于各组织主体之间缺乏联动机制，导致传播效果难以从时间上形成连续性、空间上形成波动性，效果难以持久。

四、短视频提升大学生社会主义核心价值观认同培育的复杂性

“环境是人的性格形成的必要条件，任何人格都是在一定环境影响下形成

① 童世骏．意识形态新论［M］．上海：上海人民出版社，2006：98-99.
② 习近平谈治国理政（第3卷）［M］．北京：外文出版社，2020：18.
③ 习近平谈治国理政（第1卷）［M］．北京：外文出版社，2018：168-169.

的。"[①] 短视频传播背景下大学生价值取向的多元化、交往形式的多样性、利益需求的个性化为社会主义核心价值观培育带来挑战。

（一）短视频传播背景下大学生价值观生成的复杂性

反映社会存在和社会生活的价值观也总是表现出鲜明的时代特点。短视频传播背景下大学生价值观的生成是在现实环境与虚拟环境相互作用下形成的，具有特殊规律，也增加了价值观生成的复杂性。

1. 大学生价值观生成环境的复杂性

价值观的生成离不开现实环境，"也不是人们头脑中主观自生的，而是在一定的社会环境和活动中逐步形成的"[②]。短视频空间大学生价值观生成离不开环境的制约。大学生价值观念无时无刻不受到环境等多方面影响。环境组成元素多样，既包括家庭经济、学校后勤、教学设施等物质环境影响，也包括校园文化、社会思潮、网络舆论等精神环境影响。概括而言，可分为现实环境与虚拟环境。

现实环境复杂性。短视频传播环境并不是独立的、封闭的，也不是脱离社会关系的存在，相反，其始终受到社会环境的影响。价值观作为意识的重要内容并不是凭空产生的，"思想、观念、意识的生产最初是直接、与人们的物质活动、与人们的物质交往、与现实生活的语言交织在一起的"[③]。社会环境成为影响价值观生成的关键因素，大学生价值观的形成是物质生活方式、政治法律制度、观念文化传统相互作用的结果。一方面，通过规章制度、法律手段、社会舆论、学校教育不断培育、调整、矫正大学生的价值观；另一方面，通过文化传统、家庭教育等形式，把社会主义核心价值观潜移默化地传递给每个成员。短视频空间内外环境之间既有同一性，也有矛盾性，环境复杂的关系增加了大学生社会主义核心价值观培育的难度。

网络虚拟环境复杂性。如形式主义、官僚主义、一些领域的腐败问题存在，都会影响大学生对社会主义核心价值观的认同。短视频使存在的问题表现出来，让大学生便于认知。竞争环境不公平，市场秩序中存在不公平竞争，用不正当手段谋取经济利益现象。现实的变化映射到短视频空间，矛盾更突出、更明显，对大学生价值观的选择形成冲击。此外，短视频空间认同具有潜隐性。认同本身具有潜在性，存在于社会成员和社会群体内心深处，很难从外观判断、识别感知它。社会主义核心价值观认同的效果是"只有得到大

---

① 陈秉公．思想政治教育学原理［M］．沈阳：辽宁人民出版社，2001：279.

② 王丽娟．学校文化创新伦理基础的三个层次：基于组织伦理的视角［J］．当代教育科学，2010（21）：50-52.

③ 马克思恩格斯选集（第1卷）［M］．北京：人民出版社，2009：151.

众认同并达成共识的价值观，才会最终形成社会的主流意识”[①]。具体而言，短视频虚拟特性增加了大学生社会主义核心价值观认同度的判断难度。

2. 大学生价值观生成过程的复杂性

在短视频传播背景下，大学生不仅具有新的时代特征，还因受到亚文化及大学生利益需求的影响，其价值观的生成具有多层次性、复杂性、多元性、个性化。

时代赋予大学生新的特征。大学生思维意识活跃，会基于自我需要对各种关系进行判定、反思和整合，并在此基础上形成价值观。大学阶段是价值观形成的关键时期，此阶段价值观生成也具有特殊性。首先，大学不再像高中一样一切唯学习为上，大学生有了时间和精力参与社会实践。其次，大学阶段与初高中阶段环境的单一性、封闭性不同，环境特征具有半开放性。各种社团、社会实践、评优评选的活动具有社会性，大学阶段是社会生活的过渡与前奏，为大学生即将迈入社会做准备。大学跨地域的学生、不同家庭背景的学生聚集在一起，打破了以往单一的人际关系环境，会有不同的思想不同的行为方式和交往方式。最后，学生进入大学阶段，离开家庭，脱离了家庭的管制，人格独立、精神独立，自我意识唤醒。他们的思维独立性增强，自我意识逐渐发展，清晰认识到生活的意义。[②] 大学生思维结构已经具有丰富的知识系统，具有复杂性、多层次性。

青少年亚文化对社会主义核心价值观造成冲击。亚文化种类多样，主要起源于漫画、动画、电子游戏等。短视频空间青少年亚文化种类多样，大学生中有大量的亚文化爱好者。亚文化很大程度上受到欧美外来文化的影响，与主流文化之间存在差异，对大学生思想观念及文化的认同产生消极作用。如短视频传播“鬼畜”文化借助短视频剪辑、制造功能，利用熟悉的影音文件、广告等载体对网络热点事件进行再造新文本，赋予节奏感。本质上“鬼畜”文化沿袭网络亚文化对主流文化反讽、解构的姿态，是恶搞文化在视频时代的新发展，是对主流文化的反讽、解构。短视频具备的“去中心化”特征也为亚文化传播提高了空间，而亚文化与社会主义核心价值观存在冲突。

3. 大学生利益需求的个性化

大学生正处于价值观养成的重要时期，他们的鉴别力与判断力还不强，价值观培育具有长期性。当前“00后”已经成为大学生的主体，大学生利益

---

① 孔德永．当代我国主流意识形态认同建构的有效途径［J］．马克思主义研究，2012（06）：91-99.

② 祖嘉合．试论“90后”大学生理想信念教育的高层引领［J］．教学与研究，2011（04）：10-13.

诉求和主体意识变得更加多元、个性化。“对绝大多数人来说，仅靠理想主义并不足以使他恪尽职守”[①]，还应与对象的需求相结合。当代大学生尤其是“00后”大学生体现出政治过度理性化、务实化和个性化，体现出远离政治的倾向。

（二）短视频传播背景下大学生主体性困境

传统思想政治教育可以高校为实在场域，通过班级、社团等组织形式进行思想政治教育，教育主体针对特定教育对象，大学生群体是易于识别的。短视频是通过互联网技术、多模态符码构建的虚拟交往空间。短视频交往中大学生存在是分散的，是以多种身份参与虚拟社交的，交往方式具有“半在场”性，造成大学生主体性的扩张或者缺失，导致价值认同困境。

短视频传播背景下大学生交往方式的虚拟性。迈克·海姆把人类在虚拟空间中的活动方式概括为以下几个方面：模拟；远程展示；身体完全沉浸；身临其境；互动；人造性；网络化的交往。[②] 短视频空间大学生交往可分为对内交往及对外交往，前者指大学生与自我的内在性交往，后者指大学生与他者的外在交往。虚拟空间之中，大学生的交往方式呈现出虚拟性、自由性和即时性的鲜明特色。大学生在网络空间具有隐匿性和虚构性身份，退到信息终端的背后，年龄、性别、身份、性格在赛博空间具有虚拟性。

大学生自我交往的虚拟性。短视频迎合大学生“看脸文化”需要，抖音、快手短视频拍摄工具，具有美颜功能，赋予大学生自我塑造形象的可能。“在这里，真实的面孔已经隐去，取而代之的是作为人工制品的面具。”[③] 呈现在短视频中的不是大学生真实的脸，而是一种象征性的“面具脸”。大学生沉溺在虚拟的自我形象建构中，疏离于真实的形象，造成个人与自我关系的扭曲，带来大学生自我认同危机。

大学生外部交往的虚拟性。短视频的虚拟性容易使大学生的主体性陷于困境。“人的主体意识越强，就越是容易陷入主体性的困惑之中。”[④] 短视频赋予大学生交往的主动性、跨时空性，但同时使大学生限于对技术的依赖中，大学生的社会关系困于虚拟化的网络空间。信息化、网络化成为大学生参与交往的中介系统，大学生在交往过程中变得符号化，其身份的设定脱离了社

---

① ［德］罗伯特·米歇尔斯．寡头统治铁律——现代民主制度中的政党社会学［M］．任军锋等译．天津：天津人民出版社，2003：111.

② ［美］迈克·海姆．从界面到网络空间——虚拟实在的形而上学［M］．金吾伦，刘钢译．上海：上海科技教育出版社，2000：11.

③ 战迪．论“看脸时代”的青年审美迷失［J］．现代传播（中国传媒大学学报），2020，42（10）：101-106.

④ 郭湛．主体性哲学——人的存在及其意义［M］．昆明：云南人民出版社，2002：4.

会规约的限制，变得随意而自由，并不能判断其真实的身份。大学生身份的缺场导致其社会关系处于模糊的、不可知的状态，带来个人“膨胀”感，致使其行为脱离社会关系的制约，陷入主体性“自失”的状态。“他已仅仅只是作为纯粹的主体，作为客体的镜子而存在”①。“自失”状态使大学生在与他人的交往中，不受交往理性的制约，将自我的意愿凌驾于价值规范、社会秩序之上。大学生的非理性交往不仅导致短视频空间交往的无序性，还容易冲击社会主义核心价值观的主导地位。

（三）短视频传播背景下大学生交往困境

大学生以信息化在场的方式参与短视频交往。“人的在场方式中就出现了信息化在场，人可以以符号、影像等信息方式展现出来，使符号所指称的对象和影像所依托的实体即使并不在场，也能使观察者对之产生一种在场感。”②大学生以信息化在场、数据化的方式参与到交往过程中。

1. 单向度信息化在场

在场交往发生在特定物理空间和社会空间之中，缺场交往突破了物理空间的限制，大学生以缺场交往的方式在短视频空间展开信息沟通、娱乐、价值评价等。“信息化了的人至少是经过‘加工’了的人，‘改装’了的人，是为了符合‘公众场合’要求而有所‘修饰’的人，甚至是刻意‘创造’出来的专门用于‘前台’表演的人，而实际的人则在后台隐蔽起来。不能从信息化在场中直接观察到。”③ 这种交往方式弱化了交往对象之间的联系。具体到思想政治教育过程，大学生以一种封闭的或者虚假的状态参与到交往过程中，其内心的真实意愿却被遮蔽。社会主义核心价值观培育过程，大学生可以随时终止信息的接收，以轻松滑走短视频的方式退出交往过程，也可以隐身、离线等提供虚假在场交往方式，还可以身心分离、一心多用，以应付短视频空间思想政治教育工作。短视频传播环境下，大学生缺场交往方式容易隐匿主体需求，以一种虚假的表象遮盖真实需求。总之，大学生单向度信息化在场方式，使社会主义核心价值观培育缺少实在对象，对社会主义核心价值观传播效果带来消极影响。

2. 双向性信息化在场

短视频“彻底改变了人类生活的基本向度，以‘流动的空间与无时间之时间’为基础的‘虚拟文化’诞生，使得‘身体缺场，思想在场’或者‘身

---

① ［德］叔本华．作为意志和表象的世界［M］．石冲白译．北京：商务印书馆，2018：248-249.

② 肖峰．论人的信息化在场［J］．中国人民大学学报，2005（04）：95-104.

③ 肖峰．论人的信息化在场［J］．中国人民大学学报，2005（04）：95-104.

体退位，思想复位’的交往格局呈现”[①]。短视频中的通讯录、附近人的推荐功能及对熟悉的、不熟悉的人的关注，构建了一个差序化的交往空间。一方面，大学生通过对日常生活的拍摄真实呈现人物身份，以及定位功能、开放可见的评论功能呈现出人物的在场性与真实性；另一方面，是一种“半在场”的状态，在实体性在场中，传播的主体与对象是相互在场可见的，互动也是即时的，但是在短视频空间，传播双方的实体性被信息化取代，互动具有异时和延后性，人的自我在场超越时间和空间的限制，成为一种“延异”状态。“信息化在场是在场现象在信息时代的重要表现，也是技术发展导致物和人的显现方式的变迁。它既不是人的在场，也不是人的不在场，而是改变了在场的方式：一种间接性在场”[②]。这种状态下大学生会以互动的方式参与培育过程，但是其中把握短视频流量密码传播规律的个体会获得更多权利，造成短视频空间传播权利的不平等，剥夺了其他人信息化在场权，形成短视频空间的受教育权鸿沟，造成主体性发展的不平衡。

大学生社会主义核心价值培育离不开社会现实。“尤其是与一定社会发展阶段的目标紧密联系”[③]。短视频传播背景下大学生社会主义核心价值观培育受到现实环境与虚拟环境的影响，同时由于短视频培育效果的潜隐性、大学生利益需求与话语表达的个性化，又在一定程度上增加了价值观培育难度。

---

① 卢岚．网络社会的时空扩展、时空矛盾与思想政治教育［J］．思想理论教育，2018（07）：52-58.

② 肖峰．论人的信息化在场［J］．中国人民大学学报，2005（04）：95-104.

③ 戴木才．培养担当民族复兴大任的时代新人——党的十九大报告关于社会主义核心价值观的重要论述［J］．道德与文明，2017（06）：5-7.

第四章　以短视频增强大学生社会主义核心价值观认同的主要原则与方向指引

随着社会发展变化，大学生思想出现新的矛盾。高校思政工作者应考虑到短视频传播背景下大学生思想的新变化，探索大学生社会主义核心价值观认同培育的主要原则与方向指引。短视频对大学生社会主义核心价值观认同的影响是一个复杂的问题，从影响的层面看，包括积极和消极两个既对立又统一的方面；从影响因素看，包括宏观、中观、微观层面；从影响现状看，涉及认知、情感、意志、行为层面。而短视频对大学生社会主义核心价值观认同的消极影响形成的原因也是复杂的，涉及短视频、大学生、社会主义核心价值观培育多个方面。该部分在第三章认同现状分析，特别是消极影响成因分析的基础上，研究以短视频增强大学生社会主义核心价值观认同的基本原则与方向指引。

第一节　以短视频增强大学生社会主义核心价值观认同的主要原则

短视频成为大学生交往的重要载体、意识形态争夺的重要阵地，以短视频增强大学生社会主义核心价值观认同应坚持政治性原则，加强对短视频的政治引领；坚持主体性原则，落实“以人为本”指导思想；坚持法治原则，维护短视频传播环境清朗。

一、坚持政治性原则，加强对短视频发展的政治引领力

“历史和现实都警示我们，思想舆论阵地一旦被突破，其他防线就很难守得住。”① 应坚持政治性原则，牢固树立阵地意识，巩固弘扬社会主义核心价值观。

① 习近平关于网络强国论述摘编［M］. 北京：中央文献出版社，2021：55.

(一)坚持政治性原则必要性

短视频增强大学生社会主义核心价值观认同应坚持和巩固党对意识形态工作的领导的原则。“要适应国内外形势发展，从党的工作全局出发把握定位，坚持党的领导，坚持正确政治方向。”[①] 坚持党对短视频发展的统一领导、坚定正确政治导向将有利于“民族团结、国家繁荣、社会稳定”的网络舆论氛围。

1. 坚持政治性原则是维护短视频媒体领导权的需要

短视频媒体存在不同的利益主体“网络催生的个人自由主义倾向和全球化观念使公民的民族国家意识日渐淡薄”[②]。不同国家网络技术发展水平差异很大，直接影响国家在短视频场域的话语权。短视频场域充斥代表不同利益的群体，不同利益群体之间存在争夺网络话语权的斗争。而不同意识形态在短视频场域传播、竞争，无疑会消解价值共识。坚持党对短视频治理的主体地位，为社会主义核心价值观在短视频媒体传播提供支撑。

2. 坚持政治性原则是净化育人环境的需要

短视频呈现出制作主体大众化、内容形式情感化、生产领域生活化、社会影响广泛化的特征。当前短视频平台受到利益诱惑，如果缺乏政治意识和大局意识，就会造成内升传播动力不足、发展受限的局面。从短视频管理者角度看，应认识到坚持马克思主义意识形态和社会主义核心价值观的重要性，不断增强理论水平，以适应信息时代的挑战和要求。从培育主体人员构成看，从事马克思主义网络传播的人数较少。短视频传播社会主义核心价值观需要要熟悉互联网传播规律、短视频传播规律、社会主义核心价值观理论。从制度管理看，存在制度约束不高，缺乏政治性原则的引导与规制，以及内容审核机制不严格等问题。短视频为个体自由全面发展提供了机遇，也为错误思潮提供了条件。此外，短视频平台传播社会主义核心价值观内容作品质量、数量需提高。因此，应坚持政治性原则，深入分析短视频场域价值观组成，以及大学生对社会主义核心价值观认同现状。

(二)增强对短视频传播政治引领力的原则

短视频具有重要的政治导向功能。短视频作为培育社会主义事业建设者接班人的重要载体，应贯彻党管青年原则，加强传播队伍建设，坚持马克思主义意识形态领导权。

---

① 习近平谈治国理政(第2卷)[M]. 北京：外文出版社，2017：331.

② 黄传新等. 社会主义意识形态的吸引力和凝聚力研究[M]. 北京：学习出版社，2012：41.

1. 短视频媒体贯彻党管青年原则

“党政军民学，东西南北中，党是领导一切的”[①]，开展青年工作也不例外，《中长期青年发展规划（2016—2025年）》明确提出了“党管青年原则”。短视频坚持政治领导力，还要把握社会主义核心价值观的学理性，以强大的理论性和科学性回应大学生需求，引导大学生以社会主义核心价值观判断是非对错。首先，防止短视频传播的过度娱乐化。短视频为了取悦用户，传播内容偏离思想政治教育初衷。其次，对于短视频传播过程中出现的思想分歧，要通过社会主义核心价值观的学理性来分析，通过大学生讨论、交流、互动感受其真理魅力。

2. 加强短视频传播社会主义核心价值观队伍建设

首先，强化把关队伍政治素养。短视频内容多元、冗杂，需要强化人工把关审核，把关队伍的政治素养决定了内容的高度与政治性。其次，强化队伍政治意识。培育主体在大是大非面前保持政治清醒，拥有强烈的职业使命感。为化解西方社会思潮冲击，应坚持以马克思主义为指导，从而提高学生的判断力与识别力。最后，强化把关队伍培训。用马克思主义立场观点方法分析时代课题，引导其成为社会主义核心价值观的坚定信仰者、积极传播者。

3. 强化短视频场域马克思主义意识形态领导权

在短视频场域要强化马克思主义认同，必须要将改善网络空间资本构成作为重要方面加以考量。改变短视频平台企业资本结构比例，防止马克思主义在网络空间的“空心化”倾向。一方面，要增加国有资本控股，保障党和政府掌握网络空间意识形态主导权；另一方面，应从多个环节规范资本投入。“只有民间资本合理合法合规地进入互联网前沿技术或网站建设，才能既激发中国民众对于网络经济的热情参与，又防止片面追求利益导致市场失衡，对于最大限度地强化网络空间中马克思主义认同有着重要作用。”[②]

习近平总书记指出：“宣传思想阵地，我们不去占领，人家就会去占领。”[③] 强调短视频传播的政治性，既是帮助大学生养成正确价值观的需要，也是引导短视频良性发展的需要。

---

① 习近平谈治国理政（第3卷）［M］．北京：外文出版社，2020：16.

② 陈联俊．网络空间中马克思主义认同的挑战与应对［J］．马克思主义研究，2017（06）：96-103+160.

③ 习近平总书记系列重要讲话读本［M］．北京：学习出版社、人民出版社，2016：196.

二、坚持主体性原则，落实“以人为本”指导思想

主体性原则是指，利用短视频开展社会主义核心价值观培育活动时，应尊重大学生主体地位，调动其积极性以达到预期培育效果。培育过程避免“而不是把它们当作感性的人的活动，当作实践去理解，不是从主体方面去理解”①。大学生社会主义核心价值观认同培育过程主体是大学生，认同的效果检验者也是大学生。大学生是否能主动自发自觉参与到社会主义核心价值观培育过程，直接影响培育的效果。从学科研究范式层面看，思想政治教育研究呈现出“由社会哲学范式向人学范式的转换”。因此，大学生社会主义核心价值观培育应坚持主体性原则。

（一）坚持主体性原则的必要性

大学生作为中华民族伟大复兴的重要力量，短视频增强社会主义核心价值观认同培育应遵循大学生的差异性，尊重其主体性。广大青年要做社会主义核心价值观的坚定信仰者、积极传播者、模范践行者。

1. 主体性原则是由大学生差异性决定的

在短视频传播语境下，大学生群体呈现出镜像化、符号化特征，主体性内涵与外延更加复杂。具体而言，大学生从现实的人转化为符号化对象，且缺少固定化的角色框定。大学生群体认知行为呈现出差异性、分层性特征。正因如此，短视频贯彻立德树人的目标不仅要考虑现实性，还应考虑虚拟性。一方面，“德”的要求、表现变得多元，还面临着错误思想的冲击和话语权的竞争。短视频监管审查机制不完善，错误思想会通过短视频吸引大学生注意，获得话语权，并冲击社会主义核心价值观作为重要的“德”的位置，影响“德”的根本属性。另一方面，在短视频传播背景下，“人”更难于直观把握。在一些社会矛盾事件中，社会成员的认知与行为呈现出一定的差异性。有些社会成员“出现了类似‘双重道德人格’的现象”②。总之，短视频传播内容丰富，信息、知识已经不再“稀缺”，立德树人的内涵变得更丰富，“德”从“接受性学习”变为“自主性学习，从“被动传授”到“主动占有”。主体性原则要求利用短视频增强大学生社会主义核心价值观认同过程，顺应大学生主观愿望、发挥其主观能动性，激发大学生的主体内驱力。“强调

① 马克思恩格斯文集（第1卷）［M］. 北京：人民出版社，2009：499.

② 柏路. 自媒体时代“立德树人”的困境与超越［J］. 社会科学战线，2018（01）：270-274.

主体自由的认同意味着无义务无强迫的认同。”①

2. 主体性原则是正确处理主客体关系的内在要求

在短视频传播背景下，主客体关系进行解构与重构，落实“以人为本”是建构主客体和谐关系，实现大学生自我发展需要。培育主体与培育对象身份不是固定的，而是具有流动性。作为培育对象的大学生会通过发布短视频成为培育主体。短视频用户的思想道德水平和认知能力具有差异性和层次性，即便是大学生由于其学科背景、学校背景、家庭背景、个人经历不同，认知也是多层次的。因此，应形成短视频传播背景下主客体关系的多元性。在短视频传播背景下，单纯的灌输方式不能再适应思想政治教育环境变化，必须采用互动交流、引导选择的方式。既要尊重大学生民主、自主权，又要通过隐性教育引导大学生进行自我教育、相互教育，提高其辨别短视频传播多元思潮和是非对错的能力。“以人为本”强调思想政治教育过程把大学生的需要作为出发点，把大学生实现自我发展作为落脚点。

3. 提高社会主义核心价值观培育有效性的要求

大学生主体性的发挥有利于良好的培育效果的实现。“思想政治教育活动是教育主体与教育客体进行思想、情感双向交流和沟通的活动”。② 因此，可以看到短视频增强大学生社会主义核心价值观认同的目标，最终要通过大学生吸收内化才能得到实现。认同培育的有效性实现即依赖培育者的主导地位，但是在短视频传播环境下，培育效果更依赖大学生的主体性。培育者是有效性得以生成的外因，大学生主体能动性的发挥才是内因。这点也是网络思想政治教育和传统思想政治教育的区别，因此，从主客体辩证关系及短视频空间特征来看，培育过程必须坚持主体原则。

（二）落实“以人为本”指导思想的要求

马克思唯物史观把人的现实性作为出发点，马克思主义中国化理论也强调人的现实性、具体性，“到了 21 世纪，‘以人为本’的观念终于融入了中国共产党的主流意识形态，成为中国共产党改革政策的重要理论基础”③。“以人为本”是我国思想政治教育的指导思想，其关注受教育者作为主体的存在，改变传统的把教育者当作客体的单一、片面认识。“以人为本”也是社会主义核心价值观的精髓。

---

① 周中之，石书臣．社会主义核心价值体系教育探索［M］．上海：上海人民出版社，2007：142.

② 陈万柏，张耀灿．思想政治教育学原理［M］．北京：高等教育出版社，2015：211.

③ 俞可平．思想解放与政治进步［M］．北京：社会科学文献出版社，2008：3-4.

1. 坚持大学生主体地位

以短视频增强大学生社会主义核心价值观认同应坚持大学生主体地位。从认识论角度看，人既是认识的主体，也是认识的客体。短视频参与到社会主义核心价值观培育过程中，短视频作为培育的载体。大学生作为培育的对象，不能仅被认为是这一过程的客体，同时还是认识的主体。大学生在接受认同培育之前，对社会主义核心价值观已有不同程度认知。培育的目标则是需要大学生对社会主义核心价值观的内容、理论渊源、价值意蕴进行多个层面认知、认同。因此，需要发挥大学生主体性，使大学生自发自觉加强对社会主义核心价值观的感性认知与理性认知。

2. 发挥大学生主体能动性

短视频增强大学生社会主义核心价值观认同应发挥大学生主体能动性。“环境是由人来改变的，而教育者本人一定是受教育的。”① 社会主义核心价值观认同培育过程大学生主动性受动性相互转换，受教者也具有主动性，要注意发掘大学生的主体能动性，使其参与到短视频培育过程。首先，要尊重大学生的创造性，关心大学生的心理情感，满足大学生价值需求。在短视频制作、发布中调动大学生的主体性、自觉性和创造性，使大学生积极参与到培育过程。其次，要改变灌输的方式，尊重教育者和被教育者平等性。发挥短视频寓教于乐功能传播社会主义核心价值观。培育过程不仅关注大学生的生存，更关注大学生的发展；不仅关注大学生的实然存在，更关注大学生的应然存在。弘扬人的主体价值、实现人的全面发展，是社会主义核心价值观的核心价值取向；培养人、发展人、尊重人、提升人，是培育和践行社会主义核心价值观的根本出发点和落脚点。②

3. 培育大学生理性批判思维

培育主体应发挥短视频的积极作用以强化大学生理性批判思维。首先，提升大学生思想政治理论素养。依托短视频传播习近平新时代中国特色社会主义思想、社会主义核心价值观，以扎实的思想政治理论武装大学生的头脑，为大学生社会主义核心价值观认同营造良好的氛围。其次，短视频教育片引导大学生正确认识国内外发展大局。短视频空间意识形态的争夺，一定程度上就是对大学生的争夺。大学生的思想开阔，同时价值观念还在成熟期，变化、多元的国内外环境对大学生价值观的形成具有重要的作用。要教育引导学生正确认识世界和中国发展大势、正确认识中国特色和国际对比、正确认

① 马克思恩格斯文集（第1卷）［M］. 北京：人民出版社，2009：500.

② 包心鉴. 弘扬人的主体价值和实现人的全面发展是社会主义核心价值观的核心价值取向［J］. 社会主义核心价值观研究，2017，3（01）：15-23.

识时代责任和历史使命、正确认识远大抱负和脚踏实地。短视频传播过程注重将“四个正确认识”与社会主义核心价值观结合，从而坚定大学生“四个自信”。此外，还应注重培育大学生批判性思维，引导大学生在正确思想与错误思想对比中，强化社会主义核心价值观认同。“正确的东西总是在同错误的东西作斗争的过程中发展起来的”。[①] 总之，培育主体应把握短视频意识形态传播方式的新特征，从纵向线性传播转向全方位立体传播，积极培育大学生理性批判思维，维护短视频意识形态安全。

主体性原则规定培育过程和培育方法注重研究大学生内在需要，把大学生纳入培育体系中，有利于发挥大学生主体性价值，使大学生自觉、系统地认识、认同、践行社会主义核心价值观。

三、坚持法治原则，维护短视频生态环境清朗

短视频技术开放性、观念多元性为内容把关带来难度，也使短视频传播环境复杂多元。如果没有法律、制度的规制，短视频技术在趋向分散化、碎片化的同时，也会被资本权力所俘获。培育主体使用短视频促进大学生社会主义核心价值观认同过程应坚持法治原则，“采取措施提高全社会的网络安全意识和水平，形成全社会共同参与促进网络安全的良好环境”[②]。

（一）依法治理短视频存在的风险

短视频传播缺乏行业规范，大量低级趣味的视频内容在平台传播，对社会伦理道德提出了挑战，短视频育人环境还需改善。应通过法律平衡短视频技术风险、法律制约短视频资本风险、建立负面清单制度等手段治理短视频存在的风险。

1. 法律平衡短视频技术风险

短视频的多模态性为不良短视频发布、逃避审核提供技术可能。由于缺乏相关法律约束，短视频传播平台监管不力，一些文化水平不高、综合素养不高的用户为了热度发一些低俗内容，如果管理员干预不及时，此类短视频就会得到广泛传播。算法依托流量，短视频空间存在“劣币驱逐良币”规律，一些低俗短视频获得大量流量，又受到算法推送的影响，向用户推送此类视频。不少大学生受到低级趣味内容的影响，思想低俗化，背离社会主义核心价值观本质。“要全面提升技术治网能力和水平，规范数据资源利用，防范大

---

① 毛泽东文集（第7卷）［M］．北京：人民出版社，1999：230.

② 中华人民共和国网络安全法［N］．人民日报，2016-11-23（14）.

数据等新技术带来的风险”①。

2. 法律制约短视频资本风险

短视频平台存在资本垄断，成为超级权力平台，“主管部门要履行好监管责任，依法加强新兴媒体管理，使我们的网络空间更加清朗”②。主管部门以法律为准绳，防范短视频存在的资本风险。饭圈文化是资本垄断的表征，短视频成为饭圈文化成型、造星的重要社交媒体，又与大学生群体密切相关。微博、腾讯、抖音、快手成为粉丝完成拥粉行为等基础工作的工具。粉丝通过完成打榜任务、签到任务，以及爱豆视频的赞、转、评等任务，参与明星的成长过程，打造养成系爱豆，与自己喜好的明星产生荣辱与共的情感，是年轻人的另类共同体，其背后是资本造星的力量。饭圈文化培养了低龄且没有文化判断力的观众。饭圈文化通过流量数据吸引资本青睐，饭圈成为经济资本、文化资本、社会资本融合竞争的圈子。需要通过立法正确引导、治理、修正饭圈文化及其背后存在的资本风险，形成健康清朗的短视频育人环境。

3. 建立负面清单制度

通过建立负面清单制度加强对短视频平台的治理。首先，建立短视频平台准入负面清单，限制境外资本进入市场。并对平台可以从事的行业、领域、业务进行明确规定，对具有媒体属性和舆论动员功能的账号平台进行资质认证，从源头促进短视频和谐生态。其次，对传播违背社会主义核心价值观内容的短视频进行识别、删除，并对其传播者进行封号，如果情节严重还应追究其法律责任。

（二）法律引导和规范短视频良性发展

应通过健全相关法律、建立完善审查机制退出机制维护短视频传播的法律秩序。“把社会主义核心价值观的要求转化为具有刚性约束力的法律规定，用法律来推动核心价值观建设。”③ 国家应尽快制定和完善相关法律法规，净化网络环境。

1. 健全短视频治理相关法律

当前我国已经制定了《网络安全法》等一系列法律法规以规范网络环境，这些规定有效净化了网络环境。但是针对短视频平台的审查标准还不完善。针对短视频运营者、短视频使用者的错误违法行为应通过相关立法，加以界定制约。通过法律引导短视频健康发展，规范大学生善用、合理使用短视频，

① 习近平谈治国理政（第3卷）［M］. 北京：外文出版社，2020：318.

② 习近平谈治国理政（第3卷）［M］. 北京：外文出版社，2020：318.

③ 中共中央文献研究室编. 习近平关于全面深化改革论述摘编［M］. 北京：中央文献出版社，2014：90.

为践行社会主义核心价值观提供有力保障。

2. 建立短视频审查机制和退出机制

首先，通过法律规范短视频平台的成立、运营机制，通过严格审查在源头上守护平台的清朗。同时对于存在违法的短视频平台及短视频使用者强化退出机制，限制其运营和使用。其次，强化主体责任意识，增强人工审核力度，建立人工+智能双重的审核方法，有效遏制不良、违法短视频的传播。此外，可探索使用实名制以增强主体自我约束。鲜明抵制不健康信息，大力弘扬社会主义核心价值观，传播正能量，唱响主旋律。

（三）加快推进短视频治理法律体系建设

应加快完善短视频空间法律体系。“确保网络信息传播秩序和国家安全、社会稳定，已经成为摆在我们面前的现实突出问题”①。通过短视频内容监管、建立系统化治理体系等措施，依法治理短视频存在的违法行为。

1. 加强短视频内容监管

通过法律途径，颁布治理视听节目的条例，让短视频制作进入精细化阶段。我国出台了一系列法规条例，如《网络短视频内容审核标准细则》规定网络短视频不得出现“歪曲贬低民族优秀文化传统的内容”，如“篡改名著、歪曲原著精神实质的；颠覆经典名著中重要人物人设的”“对历史尤其是革命历史进行恶搞或过度娱乐化表现的”等。这在一定程度上有效遏制了过度娱乐。此外，还应通过专门立法进一步细化监管内容。

2. 建立全方位短视频法律治理体系

目前由于相关管理监督体制滞后，短视频传播的信息缺乏约束，碎片化信息泛滥，垃圾信息、虚假信息致使大学生认知产生偏差。很大程度上影响社会主义核心价值观主导地位。因此，应建立统一管理机构和协调机制，建立全方位、立体式的干预机制。推动短视频空间法律建设，倡导网络道德。高校也应通过相关课程，讲述媒体伦理与道德等，引导学生合理使用短视频，自觉抵制不良信息滋生和传播。法律是治理短视频空间不良传播现象的重要手段，通过全方位法律体系建设，创造充满正能量的短视频传播环境。

---

① 习近平谈治国理政（第1卷）［M］．北京：外文出版社，2018：84.

第二节　以短视频增强大学生社会主义核心价值观认同的方向指引

"青少年有其身心特点和成长规律，因此，要推动社会主义核心价值观进教材、进课堂、进学生头脑，就需要根据青少年的特点，构建德育课程体系和教材体系，创新教育方式和教学方法。"① 大学生对短视频的喜爱，给传播社会主义核心价值观提供新的机遇。培育主体应以创新、融合、跨界为方向指引，增强大学生对社会主义核心价值观的多维度认同。

一、以创新增强大学生社会主义核心价值观培育的时代感

任何新事物都具有两面性，短视频的兴起既为大学认同社会主义核心价值观提出了挑战，也为促进认同带来了一定的机遇。思想政治教育者应立足新时代，利用短视频不断加强创新，在创新中进行价值引领。

（一）短视频创新大学生社会主义核心价值观认同培育的主客体关系

短视频参与大学生社会主义核心价值观培育过程，具有特殊的运行特点和规律。培育主体把握短视频传播规律、大学生接受规律，增强认同培育主客体间的互动性、平等性，提升社会主义核心价值观的感知力、吸引力、影响力。

1. 短视频增强大学生社会主义核心价值观认同培育的主客体互动性

短视频具有较强的互动性。传统传媒是单向性的，大学生的想法和感受很难传达到传播者那里。短视频把不同人群聚集在一起，有利于构建共同体。一方面，基于网络技术的发展，短视频超越互动的时空限制，使不同时空、不同地域的用户可以随时随地参与互动，表达自己意愿。另一方面，短视频互动打破群体间界限。每个用户都是传播网络的"导体"，既可以传导某类信息，也可以阻断某类信息。思政课教师、辅导员、大学生同样作为导体，传播社会主义核心价值观信息。应注意对信息的"传导性"不只是建立在信息的公共价值上，还考虑到信息的个人价值。如短视频成为刷"存在感"、"凹人设"、提供社交谈资、维系现有社交关系的重要渠道。"抖音是互联网技术的产物，抖音 APP 将人脸识别、肢体识别和 3D 渲染技术应用到全景贴纸、尬舞机、AR 贴纸、3D 染发等创意中，为用户提供了更精致的视频拍摄和视

---

① 习近平谈治国理政（第 2 卷）［M］. 北京：外文出版社，2017：378.

频体验，是传媒技术的创造性应用。”[①] 利用短视频创新主客体关系，以改变空洞、教化式、忽略大学生需要的教育模式，增强主客体间的传导能力，突出社会主义核心价值观对大学生的吸引力和互动程度。

2. 短视频增强社会主义核心价值观认同培育主客体关系平等性

短视频带来技术民主。人人皆可进行信息表达和分享，“历史上从未有哪一个时代，如今天这样，能让普通个体拥有如此之大的话语权”[②]。短视频的技术民主创新教育者与教育对象的关系，真正把教育演变为培育，注重主客体平等性。大学生主体性的确定“直接关系到思想政治教育有效性的实现及其实现程度”。[③] 短视频以一种新的媒介技术形式重塑社会关系、人与人之间的关系，“短视频媒介是‘后文字时代’的一种平民媒介，它唤醒和激发了普通人的传播本能”[④]。短视频赋权能力超出了其他自媒体，人人可获得表达权、参与权，带来思想政治教育的更加彻底的平等性。

（二）短视频创新大学生社会主义核心价值观培育途径

短视频的创作性有利于拓展育人途径。思想政治教育者通过短视频创新价值观培育渠道，形成新的阵地，创新课程思政与思政课程的方式方法，并通过校园文化的建设，形成良好的育人场景与氛围。

1. 短视频创新思政课程的教学方式

高校是大学生社会主义核心价值观培育的重要场域。高校发挥着重要的传播主流意识形态，并使主流意识形态个体化的教化功能，发挥着“提供各种政治制度和关系的具体观念”的功能。[⑤] 短视频与思想政治理论课线上线下相结合。首先，高校充分利用短视频平台，整合教育资源，丰富社会主义核心价值观传播的内容。课堂教学中将短视频融入进去，增强理论教学的感染力，丰富教学手段。其次，课下通过制作短视频将思想政治理论课内容覆盖到学生中，教师通过对学生短视频点赞评论，延展师生互动方式，弥补课堂上互动不足，以提高社会主义核心价值观培育效果。

---

① 高宏存，马亚敏．移动短视频生产的“众神狂欢”与秩序治理［J］．深圳大学学报（人文社会科学版），2018，35（06）：47-54.

② 张音，吴建群，王舒怀．众声喧哗，如何寻找共识·聚焦网络舆论生态系列访谈［N］．人民日报，2011-10-25（23）．

③ 沈壮海．思想政治教育有效性研究［M］．武汉：武汉大学出版社，2002：158.

④ 潘祥辉．“无名者”的出场：短视频媒介的历史社会学考察［J］．国际新闻界，2020，42（06）：40-54.

⑤ ［美］加布里埃尔·A. 阿尔蒙德，小G. 宾厄姆·鲍威尔等．比较政治学：体系、过程和政策［M］．曹沛霖等译．上海：译文出版社，1987：46.

2. 短视频创新校园文化表现形式

高校要通过课堂与日常教育的结合进行大学生社会主义核心价值观培育。大学生在文化的浸润教化中进行正确的价值观判断与选择。一方面，短视频拓展校园文化的介质载体提供新的教育介质。社会主义核心价值观培育的目标是教育引导人追求崇高、实现人生所能达到的理想高度，而“向往崇高并不意味着人人成为英雄，而是旨在确立一种具有永恒意义的价值高度”①。短视频日常化表征，将崇高的社会主义核心价值观与大学生日常生活、交往结合起来，引导大学生在日常中体会“三个倡导”的价值，使校园文化融入大学生日常中。另一方面，短视频创新校园文化表现形式。如通过校园主体活动日的方式评选优秀短视频，吸引大学生参与短视频拍摄。或者通过短视频平台实现高校联动，“开展形式多样、健康向上、格调高雅的校园文化活动”②。总之，高校应依托短视频平台，参与短视频拍摄与传播活动，让学生逐渐形成正确的价值观念、树立坚定的理想信念。

（三）短视频创新大学生社会主义核心价值观培育话语

短视频创新社会主义核心价值体系的话语表达能力，有利于化解当前官方传播话语与大学生之间存在的话语障碍。思想政治教育者应依托短视频推进话语创新、形式创新，提高主流媒体宣传教育作用，发挥舆论“航向标”引导。

1. 短视频创新社会主义核心价值观表达语态

数字化、社交媒体发展带来传统语态变革。短视频平台及传播机构账号呈现出“人格化”探索，语态多样式创新。首先，“萌新”式语态。利用“卖萌”拉近与大学生的距离。“卖萌”式表达有助于增加亲和力。并且与大学生年龄、心理特征相吻合。其次，“接地气”语态。官方采用民间语态作为变革契机，降低官方姿态，减少官方化语言的使用，柔化政府形象。“接地气”语态要求与短视频风格一致，使用平实、易懂语言，流露人情味。作为公共信息传播最重要的主体，媒体和其他机构性新媒体，更应该以公共交往理性来支撑其信息传播活动，哈贝马斯设定的交往理性目标——言语清晰可懂、态度真诚、表达真实、行为规范正确。③ 总之，依托短视频用年轻语态实现社会主义核心价值观的吸引，利用语态破除鸿沟，“破圈”让大学生真正认

---

① 尹艳秋．必要的乌托邦：教育理想的历史考察与建构［M］．福州：福建教育出版社，2004：66.

② 习近平谈治国理政（第2卷）［M］．北京：外文出版社，2017：378.

③ ［德］尤根·哈贝马斯．交往行为理论：第一卷［M］．曹卫东译．上海：上海人民出版社，2018：388.

同接纳，获得年轻用户持久认同。

2. 短视频创新社会主义核心价值观叙事模式

短视频叙事范式具有鲜明特征，更符合大学生接受习惯。首先，短视频叙事策略多样。包括框架策略、话语策略、情感策略。短视频时间长度决定了其特有叙事风格，缺乏过渡和背景的交代，直接截取事件高潮和矛盾集中地方配以音乐，在受众刷短视频起时就吸引其注意力，避免被滑过去的结果。其次，叙事多种类框架。一则短视频可以包括主框架和微观框架双重架构。主框架是事件中最有价值的部分，决定了能否引发受众兴趣与共鸣。微观框架又称为补充框架，是与用户日常生活经历相关的画面，以引发其情感共鸣度。社会主义核心价值观在短视频空间的传播既要使用具有冲突性、戏剧性的故事情节，又要使用草根化日常情境及戏谑性的话语，以吸引大学生注意、获得流量与共鸣度。思想政治教育者应依托短视频创新社会主义核心价值观话语表达，以表达、接受习惯的话语方式进行价值观引导。

二、以融合构建大学生社会主义核心价值观培育新态势

大学生社会主义核心价值观培育，应充分发挥各种培育因素的作用，坚持同向同行的思想政治教育原则。“思想政治教育的同向同行，既是指在思想政治教育具体实践中各要素的相互匹配、彼此契合、互不冲突，也是指各条战线、各个方面、各个阶段的思想政治教育相互协调、合力育人，还是指思想政治教育与外在环境的相融相生、相互支持、彼此协同”①。大学生社会主义核心价值观培育需要融合各要素，避免出现相互抵牾的现象，短视频多节点、连接性赋予培育主体、媒体、方式新的融合方式。思想政治教育者可通过短视频，发挥融合思维，凝聚培育力量，激发广大青年历史责任感，以引导大学生把社会主义核心价值观融入日常生活中。

（一）短视频促进大学生社会主义核心价值观培育主体融合

党和政府、高校、机构媒体应依托短视频形成合力育人的工作格局。短视频增强大学生社会主义核心价值观认同工作是一项系统性很强的工程，涉及多元主体、众多要素，应促进各方力量的融合，防止“各自为政”出现各要素之间断裂。发挥短视频融合力促进培育主体全方位融合、跨时间融合，凝聚全方位育人合力。

---

① 沈壮海．新编思想政治教育学原理［M］．北京：中国人民大学出版社，2022：168.

1. 短视频推进培育主体全方位融合

短视频凝聚分散的用户群体，提供新渠道促进高校、家庭、社会融合。一方面，短视频平台上聚集了包括高校组织、社会团体以及以家庭为节点的多种自组织群体。面对复杂的异质性用产结构，应以大学生群体为核心构建差异化的演化路径，以促进各类用户之间的协同互动。另一方面，短视频不同培育主体聚集在短视频空间，有利于协同育人目标的实现。短视频网络的辐射力将分散、异质的不同培育个体连接在一起，其开放性、交互性、包容性，使分散的用户相互协同、聚合，个体影响力和价值叠加、增强，筑牢广大青年共同思想基础。

2. 短视频推进培育主体跨时间融合

短视频促进传播社会主义核心价值观不同主体跨时间结合，“网络建构了我们社会的新社会形态，而网络化逻辑的扩散实质地改变了生产、经验、权力与文化过程中的操作和结果”①。短视频也深刻地解构和建构着大学生社会主义核心价值观认同的理路。短视频发挥时空连通性，促进网上思想政治教育方法与传统的网下思想政治教育方法融合，使两种思想政治教育方式实现功能互补。短视频的连续性可以超越时间的限制，融合分散的时间借助评论、弹幕等形式，及时了解学生思想，把握大学生特征。

（二）短视频促进社会主义核心价值观传播媒体融合

短视频媒体类型多元，应通过平台机制聚合不同类型短视频媒体，实现短视频发展的良性竞争，减少一些不良短视频、营利性平台片面追求经济效益，忽视社会效益带来的消极影响。

1. 短视频促进多类型媒体融合

短视频包括平台、网站等多种形式，还包括主流媒体、非主流媒体多种性质的媒体。促进不同媒体之间的融合，“要统筹处理好传统媒体和新兴媒体、中央媒体和地方媒体、主流媒体和商业平台、大众化媒体和专业性媒体的关系”②“要形成资源集约、结构合理、差异发展、协同高效的全媒体传播体系”③，促进不同类型、不同性质、不同功能的传播渠道融合。

2. 短视频促进传播媒体多功能融合

短视频平台有专业化功能和非专业化功能，应通过功能融合推动短视频平台化、专业化。如“央视频”人民日报的“人民视频”“人民日报+”应聚

① ［美］曼纽尔·卡斯特．网络社会的崛起［M］．夏铸九等译．北京：社会科学文献出版社，2001：569.

② 习近平谈治国理政（第3卷）［M］．北京：外文出版社，2020：318.

③ 习近平谈治国理政（第3卷）［M］．北京：外文出版社，2020：318.

合传播资源形成具有正能量传播功能的大型平台。当前，主流短视频传播面临如何增强用户平台黏性、完善分发机制的难题。主流媒体、高校自有短视频平台一定程度上无法及时有效满足用户需求。如央视短视频排列混乱，缺乏类似抖音的算法推荐。社会主义核心价值观传播平台间应实现多功能融合，如主流媒体自有短视频平台，应凸显其主流价值观引导的功能，制作更具针对性、独特性的视频，突出内容优势，强调差异化发展，以吸引大学生。

3. 短视频促进传播技术融合

短视频融合多媒体形式，音乐、场景增加了社会主义核心价值观的传播效果，促进了教育者与大学生在自由沟通中传播价值观，拓宽传播意境。短视频融合文字、声音、图像多种符号，转化成网络化表达形式，传播形式多模态，载体丰富，构成要素多样，增加感染性。多技术融合可以增强社会主义核心价值观的形象力、内涵力、思想力。

短视频作为社会主义核心价值观培育的新阵地，要加快短视频的类型、功能的融合，形成育人合力。“要加快推动媒体融合发展，使主流媒体具有强大传播力、引导力、影响力、公信力”①。

（三）短视频促进社会主义核心价值观培育方式融合

短视频促进不同培育方式融合。具体而言，促进显性思想政治教育与隐性思想政治教育融合、促进价值性与知识性融合，融合不同培育方式。

1. 短视频促进显性思想政治教育与隐性思想政治教育融合

培育主体主动介入“议程设置”，用主旋律占领网络宣传阵地，营造良好价值观传播氛围。为此，大学生社会主义核心价值观培育主体要注重进行思想和道德的渗透。渗透的手段和途径是多种多样的：或通过自媒体，让大学生在观看电影过程中感受社会主义核心价值观；或通过组织参与虚拟社区的各种网络慈善活动，让大学生提高社会责任感。总之要注重多种方法融合，让大学生在娱乐过程中，受到精神的洗礼。

2. 短视频促进价值性与知识性融合

短视频促进大学生认同培育的价值性与知识性的融合。2020 年被认为是知识类短视频爆发的元年，B 站知识区分类视频满足青年用户的需求匹配，学习有用的知识技能也成为大学生用户观看短视频的重要原因。B 站知识区短视频内容成为具有差异性、圈层化特征的大学生受众的内源性统一需求。知识类短视频的制作者与用户之间、用户与用户之间可以通过弹幕、评论、私信等方式形成丰富的互动链接条。“要坚持价值性和知识性相统一，寓价值

---

① 习近平谈治国理政（第 3 卷）［M］. 北京：外文出版社，2020：317.

观引导于知识传授之中”①。知识类短视频拓展了课堂知识，弹幕互动的形象增强了视频内容的趣味性，成为短视频空间传播正能量、引导大学生认同社会主义核心价值观的载体。“教育学生坚定理想信念、厚植爱国主义情怀、加强品德修养、增长知识见识、培养奋斗精神、增强综合素质”②。知识类短视频可以通过文字、语言、音乐等符号阐述社会主义核心价值观理论价值、重大意义，以形象化传播唤醒大学生用户感觉、直觉，以大学生可以接受、理解的方式深入浅出地传播社会主义核心价值观，最终实现知识性与价值性的融合。

通过不同类型、不同内容的平台融合，促进专业化的短视频平台发展，以多模态融合不同传播技术，同时融合多种培育方式形成培育合力，坚定大学生理想信念和社会主义核心价值观认同。

三、以跨界建构大学生社会主义核心价值观培育新格局

“媒介一经出现，就参与了一切重大意义的社会变革”③。短视频对思想政治教育带来的影响是多方面、深远的。短视频参与到大学生社会主义核心价值观认同过程，以“跨界”思维打破固有的思维，找到短视频与大学生社会主义核心价值观的交叉点。“跨界思维是一个全新的概念，是指用多角度、多视野地看待问题和提出解决方案的一种思维方式。它强调互涉、交叉与跨越，也有综合之意，是一种时尚的生活态度，也是一种新锐的思维特质。”④从总体思路看，短视频对大学生社会主义核心价值观认同影响研究，要实现思想政治教育学与传播学的跨界，实现弘扬社会正能量、传播社会主义核心价值观的目的。

（一）短视频跨界特征有利于实现社会主义核心价值观全方位培育

习近平总书记强调：“要坚持把立德树人作为中心环节，把思想政治工作贯穿教育教学全过程，实现全程育人、全方位育人，努力开创我国高等教育事业发展新局面。”⑤ 跨界是实现全过程育人的重要保障，跨界思维具有多视

---

① 习近平谈治国理政（第3卷）［M］. 北京：外文出版社，2020：330-331.

② 吴潜涛，姜苏容. 坚持价值性和知识性相统一 推动思想政治理论课改革创新［J］. 思想理论教育导刊，2019（07）：69-73.

③ ［美］韦尔伯·施拉姆. 大众传播媒介与社会发展［M］. 金燕宁，蒋千红，朱剑红译. 北京：华夏出版社，1990：3.

④ 季海菊. 新媒体时代高校思想政治教育对解构与重塑［M］. 南京：东南大学出版社，2014：91-92.

⑤ 习近平谈治国理政（第2卷）［M］. 北京：外文出版社，2017：76.

角性、多关联性、渗透性等特征。

1. 短视频跨界特性有利于整合关键要素

大学生社会主义核心观认同是系统过程，从内部环境看，涉及认同主体、认同客体、认同介体的相互关联。从外部环境看，涉及国内外环境变化的影响。这就需要思想政治教育者树立跨界思维，系统考虑各类影响因素在价值认同达成过程中的作用，使培育工作发挥最大效能。短视频融人际传播、组织传播、大众传播功能于一体，同时具备国际传播和全球传播的功能。短视频具有强大的信息吸收、整合、传播能力，有利于将各个要素整合到一个空间。跨界思维有利于认同培育，具体到短视频环境、内容、载体中，避免短视频与社会主义核心价值观"两张皮"现象。"意识在任何时候都只能是被意识到了的存在，而人们的存在就是他们到现实生活的过程。如果在全部意识形态中，人们和他们的关系就像在照相机中一样是倒立成像的，那么这种现象也是从人们生活的历史过程中产生的"。① 因此，只有加强社会主义核心价值观与短视频关联，才能使大学生受到其影响，更好发挥社会主义核心价值观引导作用。

2. 短视频跨界特征有利于社会主义核心价值观认同满足大学生需要

短视频跨界是指"融入经济、文化、教育、管理等各方面乃至人们的日常生活中，结合各项具体工作的实际进行"②。利用短视频的接近性，将社会主义核心价值观融入大学生生活、学习、娱乐中，贴近大学生，促进认同培育的针对性、有效性。从宏观上来说，大学生社会主义核心价值观认同是思想与利益的结合。这里说的利益就是大学生的需要，如果不顾大学生的利益需求，单方面灌输价值观既违背培育的规律，又难以让大学生主动、自觉参与到价值观培育过程。此外，思想政治教育规律要求"通过人的规范认知、情感认同、意识保障、行为表现，才能够最终内化为个人品质"③。渗透原则要求打破传播知识性灌输模式，让社会主义核心价值观真正融入大学生生活、学习实践中。短视频渗透性有利于"引导人们增强道德判断力和道德荣誉感，向往和追求讲道德、尊道德、守道德的生活"④。因此，应推动社会主义核心价值观有机渗透并深度融入短视频内容与传播语境之中。

① 马克思恩格斯文集（第1卷）[M]．北京：人民出版社，2009：525.

② 陈万柏，张耀灿．思想政治教育学原理[M]．北京：高等教育出版社，2015：207.

③ 项久雨．以人为本：思想政治教育主客体关系的马克思主义人学之维[J]．教学与研究，2016（02）：31-37.

④ 习近平．在文艺工作座谈会上的讲话[M]．北京：人民出版社，2015：25.

（二）短视频跨界特征促进社会主义核心价值观全过程培育

短视频建构全过程育人格局。短视频通过多种形式，线上与线下、虚拟与现实的相互渗透，形成全方位、全过程的育人态势。

1. 短视频建构社会主义核心价值观全过程育人

短视频传播内容会形成一些社会热点、疑点与难点，处理不好会对大学生价值观造成消极影响。一方面，传播主体加强对热点疑点的引导，使社会主义核心价值观渗透到内容选择、舆论引导方面，并作为衡量是非的准绳。提高大学生认识能力和思辨能力，从事实出发科学理性分析舆论热点。另一方面，短视频作为感染性强的载体，兼具视听功能。其叙事方式简洁、明快，培育主体应充分利用短视频平台，开展价值观培育，在多种形式中渗透社会主义核心价值观传播内容。如可以使用流行语、金句等满足大学生的需要，使大学生在不知不觉中受到主流价值观影响，从而潜移默化地吸收、认同社会主义核心价值观。

2. 短视频加强社会主义核心价值观的民主育人

短视频促进大学生社会主义核心价值观认同培育的民主化。短视频传播过程存在价值观多元性与价值观主流性的矛盾。“凡属于思想性质的问题，凡属于人民内部的争论问题，只能用民主的方法去解决，只能用讨论的方法、批评的方法、说服教育的方法去解决”①。跨界思维有利于营造民主环境与氛围，调动大学生的主动性、创作性。短视频在培育认同过程中要通过内容渗透、形式渗透，动员多方面力量参与到育人过程，形成完善的育人的网络体系，使认同培育落到实处。

3. 短视频增强大学生批判能力

毛泽东强调，思想政治教育要具有鲜明性，富有斗争性，“毫不吞吞吐吐”“用钝刀子割肉，是半天也割不出血来的”②。要发挥高校育人作用，培育大学生批判思维，通过理论学习，提高大学生识别力和批判力。首先，发挥思政课主阵地作用。高校思政课是关于培育什么人、怎样培养人、为谁培养人这一根本问题。当前，境内外敌对势力和分裂势力对我国青少年进行的文化渗透范围广、手段隐蔽，借助短视频的影响力和渗透力可以更好地实现思想政治教育功能。短视频融入思政课堂增强大学生辨别力和斗争力。如在思政课堂选择性播放意识形态斗争的相关短视频，以及一些抨击此类视频的内容，对大学生进行引导教育，提升大学生的辨别力。通过短视频育人方式

① 毛泽东著作选读下册［M］．北京：人民出版社，1986：762.

② 毛泽东选集（第4卷）［M］．北京：人民出版社，2009：1322.

坚持不懈用社会主义核心价值观铸魂育人，使大学生自觉抵制西方形态渗透，树立正确价值观，坚定对社会主义和共产主义的信念。其次，发挥辅导员作用。辅导员及时关注大学生思想动态，通过线上线下谈心谈话，特别是关注大学生在短视频空间思想、行为动态，通过视频会议，开通视频账号、短视频账号互粉等形式帮助大学生认清西方意识形态本质。此外，通过理论批判、自我批判、实践批判等多种方式，揭露西方错误思潮的根源、包含的阶级立场，纾解大学生价值困惑，匡正其价值取向，真正让大学生直观感受到社会主义核心价值观的先进性、人民性、真实性。

高校作为“立德树人”的阵地，要发挥思政课教师、辅导员的作用，使大学生把理论的批判作为武器，积极同错误思想做斗争，推动大学生对社会主义核心价值观的全方位认同。

第五章　以短视频增强大学生社会主义核心价值观认同的策略

马克思指出：“理论只要说服人，就能掌握群众，而理论只要彻底，就能说服人。”① 短视频通过形象吸引、情感动员、技术涵化、机制保障等策略，融入大学生社会主义核心价值观培育过程，实现育人目标。

第一节　以形象吸引增强大学生社会主义核心价值观认知认同

认知认同是大学生对社会主义核心价值观认同的基础与起点。社会主义核心价值观的认知认同包括感性认知与理性认知两个阶段，因此，通过树立良好的培育主体形象，以国家形象、榜样形象为载体，通过社会主义核心价值观的形象化传播增强大学生认知认同。

一、短视频塑造培育主体形象增强社会主义核心价值观认同效力

良好的培育主体形象是提高认同效果的关键因素。短视频对社会主义核心价值观培育主体带来积极影响与消极影响，应发挥短视频视觉化、形象化、故事化功能，强化积极影响，消解消极影响。

借鉴学者对思想政治教育和教育主体的概念的界定，“思想政治教育者是一个广泛的概念，既包括专职思想政治教育者，也包括兼职思想政治教育者，还包括在特定时间和空间对特定对象进行某种思想政治教育活动的人”②。大学生社会主义核心价值观培育主体内涵丰富。培育主体“可以是个人、团体，也可以是组织、机构”③。概括来讲，主要包括组织主体与个人主体两个层面。具体而言，包括政府、企业、社会组织、传媒机构、高校和个体等。其中，

① 马克思恩格斯文集（第 1 卷）［M］．北京：人民出版社，2009：11.

② 陈万柏，张耀灿．思想政治教育学原理［M］．北京：高等教育出版社，2015：6.

③ 冯刚．思想政治教育学学科发展新论域［M］．广州：中山大学出版社，2022：55.

广大的思想政治教育者是个体主体的核心。

（一）短视频提升培育主体权威性

培育主体的权威性制约着认同效果的实现。在认同过程中，培育主体的可信度不仅影响着培育主体的形象，还决定着培育客体对培育内容的接受程度。即便是相同的内容由不同的培育主体来传递，其效果也存在差异。“人们首先要根据传播者本身的可信性对信息的真伪和价值作出判断”①。可信度与培育效果之间存在着直接联系，“一般来说，信源的可信度越高，其说服效果越大；可信度越低，说服效果越小”②。对于大学生社会主义核心价值观培育主体而言，提升可信度是获得信任的前提条件。

短视频增强培育主体权威性。作为培育主体，“思想政治教育者的素质所特有的内容，那就是他们更应具备坚定正确的政治信念、崇高的道德品质等”③。对于组织主体而言，一方面，主流媒体短视频平台、公众号、抖音账号要积极开展社会主义核心价值观传播。通过日常宣传、典型宣传等多种形式进行传播；通过组建国家级、省市级、区县级等多层面的媒介平台，形成传播合力。另一方面，政府、高校、社会组织应积极将短视频作为信息发布、沟通交流、宣传的工具，利用短视频交互性、视觉化特点塑造正面形象。如四川文旅依托短视频平台、主流媒体平台推出“文旅局长说文旅”短视频，积极宣传、推介四川的文旅资源，前后发出近 160 多条短视频，播放量超 3. 5 亿次。对于个人主体而言，首先，要不断提升自己的理论水平，具备过硬的政治素质，具有明辨是非的能力，保持政治清醒、立场坚定。特别是思政课教师作为传播社会主义核心价值观的核心主体，要不断提升自身形象。其次，培育主体不仅要具备扎实的理论素养，对社会主义核心价值观的原点理据、文化基源、理论价值有深刻的认识，还要具备深厚的育人情怀，“教育没有了情爱，就成了无水的池，任你四方形也罢，圆形也罢，总逃不了一个空虚”④。

（二）短视频塑造培育主体个性化品格

培育主体的品格影响认同培育的效果。“由言辞而来的说服论证有三种形式，第一种就是‘演说者的品格’，依靠演说者品格的演说能使听者觉得可信”⑤。大学生社会主义核心价值观培育主体不仅要具有一定理论水平，还应不断提升自身的修养，提升个人品格魅力。

---

① 郭庆光. 传播学教程［M］. 北京：中国人民大学出版社，2011：183.
② 郭庆光. 传播学教程［M］. 北京：中国人民大学出版社，2011：183.
③ 陈万柏，张耀灿. 思想政治教育学原理［M］. 北京：高等教育出版社，2015：155.
④ ［意］亚米契斯. 爱的教育［M］. 夏丏尊译. 北京：中央编译出版社，2015：1-2.
⑤ 郑东兴. 受众心理与传媒引导［M］. 北京：新华出版社，1999：244.

短视频成为塑造培育主体个性化品格的重要工具。首先，强化培育主体责任意识，利用短视频做好网络舆论引导工作。培育主体做好短视频传播过程中的舆论引导工作不仅是确保思想政治教育工作正常、有序、开展的前提，也是树立培育主体敢担当、有作为的形象的重要途径。培育主体通过信息的发布、观点的澄清，积极引导舆论，帮助大学生辨明是非，避免成为虚假信息的传播者。其次，塑造个性化品格。“图像在与受众的心理互动中更具备‘意义生产者’的劝服力量”。[①] 短视频平台的政务媒体账号通过加强公共服务、传播正能量，提升政府形象。“共青团中央”抖音账号日常发布中，通过“军队与军人形象、新闻资讯、文化宣传、公益宣传、历史资讯、国家工程宣传等六大类”[②] 主题形成差异化内容传播。并通过文中“没错，我就是团团”等口语化、拟人化的表达，塑造可亲、可近的形象，消除官方媒体容易带来的严肃感，拉近与大学生的距离，更容易获得大学生的关注，以达成“亲其师而信其道”的培育效果。

二、短视频以国家形象推进社会主义核心价值观具象化传播

具象化是指“其一，借助具象进行传播；其二，传播具象”[③]。社会主义核心价值观具象化传播是指，“将抽象的主流意识形态具象化，以更加具体、直观、形象的方式承载和传播主流意识形态”[④]。国家形象是社会主义核心价值观传播的具象化载体。

（一）国家形象增强大学生社会主义核心价值观的感性认同

短视频对国家形象的传播赋予社会主义核心价值观丰富精神底蕴与形象化支撑。“一种价值观要真正发挥作用，必须融入社会生活，让人们在实践中感知它、领悟它”[⑤]。国家形象与社会主义核心价值观之间存在着密切联系，两者都属于国家软实力的重要构成。包括国家、社会、公民三个层面的社会主义核心价值观，是系统的、完整的表述。传播过程既要注意三个层面之间的联系，也要防止“捆绑式”传播。思想政治教育者做到社会主义和价值观

---

① Blair，J. A. （2004）. The rhetoric of visual arguents. In Charles A. Hill and Marguerite Helmers（Eds. ），Defining Visual Rhetoric（pp. 41- 62）. Mahwah，NJ. ：Lawrence Erlbaum Associates，Inc，p. 59.

② 谭玥雨．传播学视角下政务抖音对政府形象的建构研究——以“共青团中央”和“青春武汉”为例［J］．视听界，2019（01）：52-58.

③ 杨钢元．具象传播论——形名学之形学［M］．北京：人民文学出版社，2008：147.

④ 张磊，王建新．新时代主流意识形态具象化传播的表征、困境及优化［J］．思想教育研究，2021（11）：66-72.

⑤ 习近平谈治国理政（第1卷）［M］．北京：外文出版社，2018：165.

十二个概念的“共性与个性”的结合，真正做到“落细、落小、落实”。

国家形象是同一性与个性的统一体。国家形象作为社会主义核心价值观传播的载体，有利于将各种抽象的概念和符号变成形象化、可感知的符号。一方面，短视频塑造正面的国家形象有利于强化大学生直观体验，使抽象的概念转变为可视化、可感知的具体形象。另一方面，良好的国家形象具有强大的感召力，有利于形成群体共识，激发大学生爱国情怀，强化社会主义核心价值观理论认知。总之，国家形象传播的以人民为中心、人民利益至上的原则，把大学生与国家利益联系在一起，激发爱国情感。

（二）国家形象强化大学生社会主义核心价值观理性认同

正面国家形象有利于强化社会主义核心价值观理性认同。形象决定认知的来源与立场，良好的国家形象有利于增强大学生对国家的拥护与热爱，并会身体力行维护国家形象并与破坏国家形象的言论、行为做斗争。良好的国家形象有利于增强政府的正当性与合法性，从而增强民众对一国理论、制度的认同度，为学生增强社会主义核心价值观认同提供精神支撑。国家形象本身渗透着国家价值观与民族精神，有利于增强国家的内在凝聚力与向心力，大学生在观看国家形象短视频过程中受到主流价值观念浸染，融入时代精神与价值观的培育中。

短视频传播内容充斥着多元文化，国家形象有利于疏导负面情绪，培育爱国情感、凝聚共识，以保证社会主义核心价值观在短视频平台的有效传播。“三个倡导”中国家层面的价值目标“富强、民主、文明、和谐”概念抽象，感知难度大，国家形象短视频通过从山川、文化、民族等多方面进行宣传。“要注重塑造我国的国家形象，重点展示中国历史底蕴深厚、各民族多元一体、文化多样和谐的文明大国形象”①。主流媒体制作系列短视频传播大国形象，将有利于大学生对“富强、民主、文明、和谐”等价值观念产生直观的认知体验，进而产生理性层面的认同。

三、短视频传播榜样形象增强社会主义核心价值观感召力

短视频以可信、可亲、可敬的榜样形象吸引大学生。榜样作为社会主义核心价值观的倡导者践行者，其身上呈现出的勇敢、善良等道德品质构成了社会主义核心价值观人格化、形象化的重要表达路径。短视频传播的榜样形象是多元化的，朋辈榜样、“无名者”榜样形象的塑造，有利于拉近大学生与榜样的距离、产生心灵接近性，使大学生主动去学习榜样行为。

① 习近平谈治国理政（第1卷）［M］．北京：外文出版社，2018：162.

（一）短视频塑造具有时代感的榜样人物

短视频制作具有时代感的专题作品。“伟大时代呼唤伟大精神，崇高事业需要榜样引领”①。榜样人物的传播可以增强价值观教育的感染力、形象表达力。通过短视频专题选用符合不同价值观念的榜样，具体、形象、细化、直观呈现精神内涵。主旋律短视频讲好榜样故事，通过真实准确的内容传播有温度的人物故事，将社会主义核心价值观融入传播过程。短视频在选择人物故事时要注意内容质量，选择适合短视频传播的具有事、情、理、美多种元素的故事，提升榜样传播的力量。从叙事角度看，短视频从小处切入的微观叙事方式，符合大学生个性化、年轻化的表达方式。从故事选择看，短视频展现真实感人故事，小体量承载大能量。短视频采用原生的故事，使用小故事感动大学生。同时小故事与时代热点结合，更具有说服力。真实的现实个人命运与国家命运的统一，通过榜样身上的精神风貌达到主流价值观传播。如在榜样人物短视频制作中可与“抗疫”“脱贫攻坚”“全面建成小康社会”等时代话题结合，既符合短视频轻体量的特征，同时又具有时代感。“每个时代有每个时代的价值体系，因此每个时代有每个时代的英雄”②。短视频传播具有时代感的榜样人物，有利于增强社会主义核心价值观的感染力。

短视频为“无名者”榜样的塑造提供了机遇与可能。“短视频媒介的流行带来的是无名者的历史性出场。有了短视频媒介，无数看不见的‘无名者’不再是被历史排斥或忽视的‘沉默的大多数’”③。“无名者”榜样的选树与塑造，以身边平凡人为着眼点，以平凡人身上呈现出的品格力量传播社会主义核心价值观。央视近几年来推出了以平凡人为榜样形象的短视频，受到网民点赞与追捧，收到良好的传播效果。“榜样与学习者的相似性、能力水平以及榜样者的声誉和地位是影响注意的重要要素”④。“无名者”榜样的塑造改变了榜样选树只聚焦于成功人士和名人身上的局限性，以人物的真实性、身份的平民化吸引大学生注意。大学生从“无名者”榜样身上真实地感受到榜样的价值。

---

① 习近平谈治国理政（第1卷）［M］．北京：外文出版社，2018：159.

② 陈赵阳．增进社会主义核心价值体系认同的榜样教育路径［J］．思想教育研究，2011（07）：73-76.

③ 潘祥辉．“无名者”的出场：短视频媒介的历史社会学考察［J］．国际新闻界，2020（6）：40-53.

④ 伍新春，胡佩诚．行为矫正学［M］．北京：高等教育出版社，2005：278.

（二）短视频塑造多元榜样形象

多元榜样形象塑造有利于呈现不同层面的社会主义核心价值观。榜样是看得见的、人格化、具体化的价值观念，“把道德模范的榜样力量转化为亿万群众的生动实践，在全社会形成崇德向善、见贤思齐、德行天下的浓厚氛围”①。以多元榜样人物传播价值观，并实现两者之间深度结合是形象化传播的重要途径。首先，多元化榜样形象承载着丰富的社会主义核心价值观内涵。榜样人物身上的价值精神体现时代精神与民族精神。短视频运用声音、文字、画面多种数字技术融合为榜样人物的塑造支撑。社会主义核心价值观充满生命力、活力与感召力，以具体化榜样人物诠释、引领价值观念，提升大学生个体思想境界，塑造大学生人格形成，规范其行为。其次，多元榜样形象符合大学生多元化认知。大学生具有思想的独立性，主体意识日益增强，价值观的选择性增强。这就要求榜样人物类型应该满足大学生多元化的需求，突出差异化，塑造具有鲜明特征、不同类型、展示不同价值观念的榜样人物，以引领社会风气，适应全球化、个性化需要，激励大学生汲取社会主义核心价值观的精神力量。从榜样类型看可以选树政治、经济、社会发展中具有不同贡献的领军人物、文体领域的彰显主流价值观念的人物，以及生活中的身处平凡岗位的平凡人，形成短视频多元榜样生态。

短视频塑造朋辈榜样形象。短视频塑造朋辈榜样形象告诉大学生什么是真善美、假恶丑，以青年模范示范正确行为。“青年模范人物是广大青少年学习的榜样，肩负着更多社会责任和公众期望”②。如果没有科学价值观的指引，大学生人生道路就会出现偏差，甚至走上邪路。同辈榜样与大学生生活经历、学习经历更接近，会面临同样的生活、学习、就业难题，会面临多元价值观的选择。将青年模范作为大学生榜样，以朋辈榜样的经历言传身教。“社会认同发挥作用的一个重要原则是人与人之间的相似性”“与我们类似的人的行为对我们具有更大的影响力”③。特别是青少年群体之间共处于“亚文化”，拥有不同于成年人世界的世界观，更能激励彼此。

---

① 习近平对全国道德模范表彰活动作出重要批示［N］．人民日报，2015-10-14（1）．

② 习近平．在同各界优秀青年代表座谈时的讲话［N］．人民日报，2013-05-05（2）．

③ 陈勇，武曼曼，李长浩．增强认知认同：培育和践行社会主义核心价值观的关键［J］．思想理论教育导刊，2014（10）：37-43.

第二节　以情感动员增强大学生社会主义核心价值观情感认同

短视频依靠情感表达价值倾向成为传播的重要手段。“没有人的感情，就从来没有也不可能有人对于真理的追求”[①]。马克思主义者强调情感的作用，马克思曾指出：“表现独特的情感、幻想、思想方式和人生观构成的整个上层建筑。”[②] 培育主体应推动短视频与社会主义核心价值观深度融合与共生，利用短视频传播情感化特征，挖掘社会主义核心价值观中的情感因子，并将两者在传播过程中相互结合，通过“情感触发—情感共鸣—情感升腾”的情感动员路径获取大学生关注度，吸引大学生，感动大学生。

一、社会主义核心价值观情感化传播触发情感

短视频情感化特质有利于增强社会主义核心价值观的情感化传播。社会主义核心价值观是一定阶段内人们对价值观念的高度抽象和理论升华，是价值观最大公约数。短视频通过内容生成的情感化、培育主体情感素养提升、培育过程情境化三个阶段达成对大学生的情感触发效果。

（一）社会主义核心价值观内容生成的情感化

短视频文字、声音、图像、音乐等多模态符号强化情感化传播。首先，大众媒介虽然提供了一个公共平台，但它同时也使得“具有隐私性、暧昧性的传统情感成为一个‘光明话题’”[③]。短视频消解了公共空间和个人空间的边界，个人化情感在公共空间传播，隐蔽情感通过短视频多模态符号系统呈现出来，其他用户也可以通过点赞、评论等显性表达方式对隐蔽情感进行评介与传播。短视频的“去蔽技术”为识别、归类不同属性情感，实现情感认同提供途径。其次，社会主义核心价值观的内容生成因依赖短视频的技术特征与多模态符号系统，而以情感化的形式呈现。概言之，短视频传播社会主义核心价值观要注意以人为本以触发大学生情感。从叙事角度看，短视频通过个人故事，传播社会主义核心价值观的内核，将价值观念通过平凡生活中

---

① 列宁全集（第20卷）［M］．北京：人民出版社，1972：225.

② 马克思恩格斯选集（第1卷）［M］．北京：人民出版社，2009：695.

③ 蔡骐，盛兰．悲情叙事的影像传播——解析我国电视情感类谈话节目［J］．现代传播（中国传媒大学学报），2010（03）：71-74.

的温情与感动呈现出来。短视频传播社会主义核心价值观应把人当作叙事的主角。“我们看到过很多正能量视频，想法很好，但主题不行。人成为了主题的注脚，故事成了主题的事例，全部报道从头到尾都是为了传递一个概念，而不是讲述一个故事、展示一个个体。这样的内容不符合互联网传播的规律，也不符合用户的接受习惯”①。社会主义核心价值观在短视频的传播应以人为本、以人为媒介，内容生成过程应注重人的情感，以激活传播渠道，激发大学生认同情感。在短视频传播过程中，既要注重社会主义核心价值观传播的整体性，也要挖掘不同概念价值观不同的情感属性。

（二）提升社会主义核心价值观培育主体情感素养

情感素养是触发大学生情感认同的关键因素。短视频传播者与社会主义核心价值观培育的组织者和实施者之间存在同一性。短视频传播者通过对培育活动的组织、实施、调控以达成认同培育的目标。新时代，培育传播主体应具备情感素养为其实现承担的主体功能提供内在根据。社会主义核心价值观培育主体是否能同传播对象确立主体与对象的关系，在某种程度上受到情感素养的影响。“如果你想感化别人，那你就必须是一个实际能鼓舞和推动别人前进的人”②。情感素养包括情感信仰、情感表达、共情人格等多方面内容。培育者的情感信仰是对马克思主义的信仰，具体到社会主义核心价值观培育，是指对培育内容产生信仰的深度情感。情感表达是与大学生进行情感互动的方式，短视频空间情感互动方式具有与线下互动不同的特征，具体化为语言、姿势等层面。共情人格包括道德人格与心理人格。道德人格是指具有正向的道德力量，“是由积极的、自信的、有为的动态心理激发出来的精神力量”，以道德力量产生人格魅力、人格吸引力。心理人格是指具有的激情与移情能力，激情是一种驱动力量，创作一种感染人的氛围。移情是指对大学生的情绪、行为产生感同身受的能力。缺乏移情力的人，很难与他人产生共鸣，很难成为他人的领导者和鼓动者。③ 移情是建立平等关系的情感纽带，社会主义核心价值观培育主体应努力提升情感素养。

（三）社会主义核心价值观培育过程情境化

培育过程情境化是激发大学生情感认同的重要方式。短视频为社会主义

---

① 短视频发展的4大趋势是什么？腾讯新闻短视频运营中心副总监奉上干货！［EB/OL］. https：//www.sohu.com/a/271381714_181884，2018-10-26/2022-12-22.

② 马克思恩格斯全集（第42卷）［M］. 北京：人民出版社，1979：155.

③ ［美］威廉·麦独孤. 社会心理学导论［M］. 俞国良等译. 杭州：浙江教育出版社，1997：135.

核心价值观情境化传播提供了渠道。“情境即情景、境地，是具体场合的情形”①。社会主义核心价值观培育作为针对大学生进行的具体的、有目的的、有针对性的思想政治教育活动也同样具有情境性。情境化传播是激发大学生情感以达成情感认同的重要方式。短视频情感特性增强培育情境的情感化。首先，短视频具有情感倾向，其内容传播以情感为诉求点，传播目的为激发用户相应的情感。情感是刺激用户认知、接受、认同短视频传播价值观的前提与动力。其次，短视频情感多向性决定了对情境规制的重要性。区别于其他社交媒体，一则短视频并没有特定的情感主线，往往越是情感复杂、情感冲突性强，越能激发用户兴趣。概括而言，短视频传播情感因素包括正向情感与负向情感。比较而言，正面情绪获得正向情感，但是获得用户关注时间短，开怀大笑可能在滑开短视频那刻，就会被新的情感替代。基于悲伤、难过、痛苦的负面的情感停留时间越久，越难以被新的情感替代。短视频传播情境具有情感的复杂性、融合性，为了达到具体传播目的，获得长效结果，就要对情境的发生进行具体的规制，从而引发符合预期目的的情感。此外，情境情感性成为保持价值观理性与短视频情感之间的纽带。社会主义核心价值观具有价值理性与深刻的思想性，与短视频娱乐感官性之间存在一定冲突。情境具有虚拟性，可以创作不同情境赋予不同的情感目的和情感承载，既保持社会主义核心价值观的精神性不受短视频娱乐至上的影响，也使社会主义核心价值观与大学生情感需求结合起来。“这种本性就是怜悯和同情，就是当我们看到或逼真地想象到他人的不幸遭遇时所产生的感情”②。总之，短视频传播社会主义核心价值观要合理利用情感动员，营造情感氛围，突破情感阈值，触发大学生对社会主义核心价值观产生信任、依赖等正向情感。

二、社会主义核心价值观情感化叙事形成情感共鸣

“传播媒介对知识在时间和空间中的传播产生重要影响……所谓媒介或倚重时间或倚重空间，其涵义是：对于它所在的文化，它的重要性有这样或那样的偏向”③。短视频是侧重情感倾向的媒介，“可以唤醒受众忧伤、怜悯、同情、共情、正义等情感，这是一个吸引受众达到情感共鸣、共情传播的过

---

① 沈壮海．思想政治教育有效性研究［M］．武汉：武汉大学出版社，2016：106.

② ［法］亚当·斯密．道德情操论［M］．蒋自强等译．北京：商务印书馆，1998：5.

③ ［加拿大］哈罗德·英尼斯．传播的偏向［M］．何道宽译．北京：中国人民大学出版社，2003：27.

程”①。短视频对社会主义核心价值观的有效传播，依赖塑造正能量偶像、传播正能量故事、突出时政类议题的情感属性等策略，以形成情感迁移、情感卷入、情感脉冲的情感扩张路径，最终触动大学生内心，并达成情感共鸣。

（一）短视频塑造正能量偶像促进大学生情感迁移

短视频通过文体名人等正能量偶像传播社会主义核心价值观促进情感迁移。首先，短视频传播过程中，显现了崇尚颜值的特征，颜值成为吸引用户、产生喜好等正向情感的刺激因素。有研究表明，“在浏览 100 张，甚至有时候只需要 50 张，就足够让实验对象做出是否接纳其作为交友对象的判断”②。短视频通过传输以文体名人等偶像为主角的宣传片，将社会主义核心价值观融入宣传片中，以刺激大学生观看正能量宣传片。通过明星代言公益广告、倡导社会主义核心价值观，实现价值观流量热度增加，培育出价值观生命力、增长力。其次，促进正向情感在正能量偶像与大学生社会主义核心价值观之间迁移。大学生对偶像的崇拜、喜欢会迁移到其所拍摄的短视频及短视频倡导的价值中，其背后动力是实现粉丝效应的转移、情感的迁移。培育主体通过各种方式将粉丝引流到短视频平台，借助偶像自身的粉丝效能，把明星本身流量附注到短视频本身，不断聚合传播力度。明星参与公益短视频，实现弘扬主旋律与内容多样的结合。当前，大学生对具有强烈灌输、说教的方式具有抵触反应。培育者应考虑到大学生的心理需求、将明星与社会主义核心价值观传播结合在一起，积极掌握大众文化领域的话语权，依托偶像类短视频传播真、善、美等正能量行为。

（二）短视频传播正能量故事吸引大学生情感卷入

短视频传播正能量故事以故事性、趣味性吸引大学生注意，并将正能量故事传播情感与自我情感相融合。《人民日报》官方抖音账号注重正能量故事的传播，并将社会主义核心价值观融入正能量故事。“正能量故事的讲述大多聚焦于普通个体，其主题与社会主义核心价值观对个人层面的要求——爱国、敬业、诚信、友善高度切合，能够产生积极、健康、向上的推动个人和社会整体前进的力量”③。正能量故事含有正确价值观，短视频中的普通个体与用户产生亲近感，大学生观看此类短视频，并积极参与此类短视频传播。《人民

---

① 范建刚，崔维维．短视频传播“无名者”榜样情感动员逻辑研究［J］．未来传播，2022，29（01）：76-84.

② Lin Qiu，Jiahui Lu，Shanshan Yang，Weina Qu，Tingshao Zhu. What Does Your Selfie Say About You? Journal of Computer in HumanBehavior，2015.

③ 杨凤娇，孙雨婷．主流媒体抖音号短视频用户参与度研究——基于《人民日报》抖音号的实证分析［J］．现代传播（中国传媒大学学报），2019，41（05）：42-46.

日报》官方抖音账号传播社会、科学、体育、时政类包括不少传播正能量的短视频，获得了较高点赞量、评论数量。正能量短视频传达的人情味与情感关怀补给精神饥渴用户，使大学生用户与短视频人物及价值观念产生亲切感、认同感，感知价值观的情感与温度。此外，短视频传播正能量故事与音乐结合，音乐具有渲染情感的作用，加速了大学生的情感卷入。从传播功能看，抖音是一款音乐类短视频软件，精良、经典的音乐是吸引用户的特质。音乐的魔性是抖音程序“病毒式”传播的成因。如抖音神曲《一百万个可能》在正能量故事中被频繁使用，烘托主人公正能量行为，瞬间将大学生情感投入值调到高潮。

（三）短视频突出时政类议题情感属性实现情感脉冲

短视频传播过程突出时政类短视频情感属性以形成持久的情感脉冲。时政类议题对情感属性的强调是时政类议题吸引大学生参与的策略，时政类议题在短视频空间的传播与在传统媒体上的传播具有不同的特点，传统媒体传播注重重要性和显著性，而短视频平台寻求与其他类议题的异质性。因此，时政类短视频以增强人情味作为优化传播、获得用户黏性，提升主流价值观传播的重要手段。短视频传播过程中，用户参与度是主流价值观能否达到认知、认同效果的关键，参与度可量化为点赞量、评论量。时政类议题人情味的显现有利于满足用户情感需求，促进用户参与互动、扩大社会主义核心价值观的认知度、提升主流媒体公信力。2021 年 9 月 25 日，孟晚舟回国的消息振奋全国，以“孟晚舟回国”为主题的短视频在全网各平台及用户端刷屏，碎片化直播孟晚舟归国的细节与动态，短视频《欢迎回家!》描绘孟晚舟走下飞机的场面，一句“祖国我回来了”激发了用户的民族自豪感，通过短视频点亮了高光时刻。主体短视频凸显人情味，以“情”为线，形象热烈、激昂地传递了国家“富强”的价值观念，以“情”为凝聚力，点燃用户的爱国主义情感，实现短视频与“富强”“爱国”价值观念的深度融合、共生，并因此打造爆款短视频，获得了流量与关注度。

情感触发是共情与情感认同的前提，短视频传播社会主义核心价值观应突出情感性，以情吸人、以情感人、以情动人，最终达到情感认同的培育目标。

三、社会主义核心价值观情感与利益结合促进情感升腾

短视频传播社会主义核心价值观以满足大学生情感需求与利益需求，从而使情感认同具有持久性并实现从情感认同到意志认同的情感升腾。社会主义核心价值观作为主流意识形态的有机组成部分，是大学生价值观形成的重

要来源，具有不可替代性。实现情感满足是加强理论说服，实现信息传播“破圈”的重要因子。“价值情感是增强价值认同的‘催化剂’和‘固化剂’，没有情感的认同是经不住时间和空间考验的”①。促进社会主义核心价值观与大学生情感需要、满足大学生情感需求与利益需求，最终实现大学生对社会主义核心价值观的情感认同。

（一）短视频传播社会主义核心价值观满足大学生情感需求

短视频的情感属性是促进认同的重要因素。“对于那些契合自身现实需要和发展预期的价值观念，人们易于产生较为强烈的情感共鸣，将之纳入自我价值体系之中。反之，就会涌起自觉或不自觉的情感拒斥，将之排除于自我价值体系之外”②。因此，能否满足大学生情感需要是社会主义核心价值观能否转化为大学生自身价值观的关键。大学生对短视频产生依赖主要基于情感需求，短视频可以与用户产生共鸣满足其情感需求。大学时代是一个过渡期，大学生要独立面对学业、人际关系、家庭和情感等多方面压力。一方面，要独自承担这些压力；另一方面，从高中时代主要精力放在学习上到大学时代学业压力转化为多重压力，而大学生人格、价值观正在完善，正处于自我摸索处理各种问题方法的阶段。大学生价值观的情感需求比较集中复杂，大学生观看短视频过程，不是消极接受算法推送，而是基于一定动机来满足需求。换句话说，大学生观看短视频不仅伴随情感交换，还是一个“使用与满足”的过程。短视频将个人情感分散为人们共享共悟的人生经历和情感体验。大学生通过观看短视频，获得情感上的抚慰，心理上的满足感。短视频观看不需要多大的门槛，不需要高深的理论知识，观看的过程包含着情感的体验与交换。社会主义核心价值观融入平台，挖掘情感诉求点，让大学生获得愉悦感、成就感、获得感。

（二）短视频传播社会主义核心价值观满足大学生利益需求

短视频传播社会主义核心价值观以满足大学生利益需求是使情感满足持久性的必然要求。利益与情感合为一体，利益得到满足会产生喜悦认同感，利益难以满足甚至背离主体需要，就会产生悲伤感。“个体利益满足是大学生认同社会主义核心价值观的内生动力，社会主义核心价值观所体现出来的利益意识的变化要与大学生群体所体现出来的利益意识变化高度契合。”③ 首先，

① 左殿升，冯锡童．新时代大学生社会主义核心价值观认知认同实证研究——以全国 30 所高校为例［J］．思想教育研究，2019（03）：70-74.

② 孟茹玉．论价值认同的生成机制与教育理路［J］．思想理论教育，2019（05）：59-63.

③ 左殿升，冯锡童．新时代大学生社会主义核心价值观认知认同实证研究——以全国 30 所高校为例［J］．思想教育研究，2019（03）：70-74.

短视频传播社会主义核心价值观要遵循“围绕人、关照人、服务人、为了人”① 导向，重视传播对象的利益。其次，短视频传播过程需要把社会主义核心价值观与大学生利益和需求结合在一起。此外，现实利益纷争、贫富差距也会反映在短视频空间成为影响社会主义核心价值观认同的利益因素，一些涉及大学生切身利益事件的传播，会让大学生对社会主义核心价值观产生动摇，因此，短视频也要做好舆论引导，让大学生正确看待社会主义发展中出现的问题，对中国梦的实现充满信心，拥有情感归属感。

情感认同是大学生社会主义核心价值观培育的中心环节，影响认同能否顺利从情感认同转化为意志认同。通过短视频与社会主义核心价值观的内在融合，满足大学生的多重需要，使大学生自觉认同并践行社会主义核心价值观。

第三节　以技术涵化增强大学生社会主义核心价值观意志认同

人工智能与短视频结合，为大学生社会主义核心价值观精准培育带来正向力量。“探索将人工智能运用在新闻采集、生产、分发、接收、反馈各环节，用主流价值导向驾驭‘算法’，全面提高舆论引导能力”。②“中国高度重视人工智能对教育的深刻影响，积极推动人工智能和教育深度融合，促进教育变革创新”③。深度挖掘人工智能技术，加速与短视频的融合，发挥人工智能技术涵化的功能，实现大学生社会主义核心价值观认同培育的精准化、个性化、科学化、沉浸化。

媒介社会人们的人生和行为不仅受到客观现实的影响，还受制于“象征性现实”，“传播媒介有选择地提示的‘象征性现实’，即拟态环境”④。短视频与人工智能技术的融合，一定程度上形成了以算法、大数据、深度学习、虚拟现实技术为框架的“过滤泡”，为增强大学生社会主义核心价值观的认同提供可能。20 世纪 60 年代格伯纳通过分析电视媒体在形成大众“共识”中的作用，提出了“培养”理论，又称为“涵化分析”，以强调大众传播的潜

① 沈壮海，董祥宾．论新时代高校思想政治工作质量的提升［J］．思想理论教育，2018（08）：11-15、101.

② 习近平谈治国理政（第 3 卷）［M］．北京：外文出版社，2020：318.

③ 习近平向国际人工智能与教育大会致贺信［N］．人民日报，2019-05-17（1）．

④ 郭庆光．传播学教程［M］．北京：中国人民大学出版社，2011：204.

移默化对态度的影响。大众传播“还是维护现存制度的‘文化武器’”①。概言之，“短视频+人工智能”成为网络媒体时代涵化、培养大学生价值观，强化共识的重要工具。人工智能技术主要形成“过滤泡”，进而影响大学生对社会主义核心价值观的意志认同。

一、智能算法推进大学生社会主义核心价值观认同培育的精准化

算法已经成为一种权力，从技术权力发展成为政治性权力，具有引导性，为话语权力提供强化。同时也要注意到算法权力的渗透性，“要以技术对技术，以技术管技术，做到魔高一尺、道高一丈”②。以社会主义核心价值观融入算法，规制其负向功能的发展。算法推动社会主义核心价值观传播。

（一）算法重塑大学生社会主义核心价值观认同培育环境

大学生接触到的环境并不是真实的、客观的环境，而是短视频与算法共同作用构建的“拟态环境”，算法遵循用户本位思维，建设构造出满足大学生习惯与偏好的环境，更突出了大学生的主体性。同时，短视频可以与算法结合构建主流价值观传播同温层，算法根据大学生话语习惯和需求进行推送。从这个层次上讲，用户在贡献数据、轨迹的同时也参与到价值观传播过程，通过算法精准推送短视频传播内容，“运用各类文化形式、生动具体地表现社会主义核心价值观”③。

（二）“短视频+算法”精准推送社会主义核心价值观内容

短视频用户都以节点的形式存在。算法可以根据用户注册信息、浏览记录及其位置定位等数据化记录，定位大学生群体。算法可以纳入社会主义核心价值观传播的整个环节，形成短视频空间闭环链接。通过算法描绘大学生个体画像，借助算法将大水漫灌的思政培育模式转变为精准滴灌的模式。

（三）以社会主义核心价值观驾驭算法

算法技术也具有负面性，受到资本逻辑和技术逻辑的控制，算法在短视频空间推送内容时会根据流量、用户喜好推送热度视频，这对于公益性的社会主义核心价值观类短视频会形成偏见与影响。短视频平台各种内容充斥，受众的知识、阶层限制了主流意识形态的传播。算法为大学生社会主义核心价值观培育提供了重要的推动力。构建“短视频+人工智能+社会主义核心价

---

① 郭庆光．传播学教程［M］．北京：中国人民大学出版社，2011：206.

② 习近平．在网络安全和信息化工作座谈会上的讲话［N］．人民日报，2016-04-26（2）．

③ 习近平谈治国理政（第1卷）［M］．北京：外文出版社，2018：165.

值观”的育人模式，将社会主义核心价值观等主流价值观融入算法推荐，对于符合标准的短视频优先推荐。此外，加强短视频算法对严肃内容的选择，培育理性的短视频生态。实现人工智能、短视频、社会主义核心价值观的人机协同，交互合作。算法在海量用户数据的基础上，根据用户偏好进行推荐。但是很多优质内容与通俗内容放在短视频平台，位于同一个算法池中，很快就被淹没，需要人工编辑进行推荐。

二、大数据凸显大学生社会主义核心价值观培育的个性化

短视频与大数据融合，大数据分析大学生注册、搜索、关注等行为，为大学生绘制青年“画像”。大数据根据不同用户需求和喜好，制作内容标签，并为受众推送喜欢的内容，以此增加用户的黏性，实现一对一的定制式传播，实现社会主义核心价值观的精准传播。

（一）大数据突出社会主义核心价值观传播的差异性

通过大数据实现差异性育人。首先，短视频平台存在海量数据。社会主义核心价值观有关的数据，容易隐藏埋没在海量数据中。通过大数据分析相关视频，并对其传播的层次、内涵进行分类，可以筛选出热门的价值观念和传播较少的价值观念。并针对其目前传播现状进行差异化传播，以打破社会主义核心价值观概念传播的不平衡性。其次，提炼出大学生在平台的数据，分析在社会主义核心价值观认同上存在的差异。大数据有利于反映大学生价值观认同的全貌，从而为算法精准推送提供可靠、可信的数据源。

（二）大数据提供大学生社会主义核心价值观培育的预见性

大数据具有传播的预见性和主动性，提供培育的动态性与预见性。大学生价值观具有反复性特征，受到主客观因素影响，思想波动大。短视频传播的高容量性、无屏障性对大学生的观念形成产生影响。同时，短视频空间充斥着大量良莠不齐的信息，多元社会思潮也容易动摇大学生对主流价值观念的认同。大数据可以预测大学生的思想发展态势，通过关联度等分析技术发现大学生价值观出现的松动倾向，并对其价值观念进行及时引导。大数据的预测性可以分析大学生的价值观念、行为的趋向性，增强培育的个性化。

三、深度学习推进大学生社会主义核心价值观培育的科学化

短视频与深度学习融合增强育人的科学化。深度学习脑机接口的智能技术为大学生参与实践建立便捷联结，丰富提升大学生思维意识反映的层次、广度、效度。深度学习有利于建立情景化育人模式，提高育人的有效性。

（一）增强大学生社会主义核心价值观培育的真实性

大学生思想政治教育具有高度情境化特征。短视频传播过程中海量数据与情境育人之间存在价值性疏离。深度学习通过分析多种类型数据，并通过数据深挖、数据取合，找出具有价值的数据。深度学习还可以呈现出时间、地点特征，形成情境化特征。此外，还可以通过对学习对象的背景、社会角色进行梳理归类。并根据大量实例绘制不同学习模型。模型生成后，培育主体可以按照应用场景不同、培育对象不同具体设置实用场景。深度学习与短视频的结合，有利于弥合现实与虚拟的差距。

（二）增强大学生社会主义核心价值观认同培育的有效性

深度学习作为数据处理的技术可以与短视频结合。培育主体依赖深度学习对短视频大学生用户产生数据进行深度的分析和完全的归纳，一方面使培育者对当前培育过程的效果进行有效评估和反思；另一方面丰富短视频传播社会主义核心价值观的传播方式、传播路径。培育主体根据大学生需求及时调整培育方式，让大学生主动反思价值观的逻辑，并从内心真正认同社会主义核心价值观。此外，培育主体还可以进行有效分工，设置认同指标并使各个主体间相互沟通、相互配合。深度学习有利于协调不同主体之间的分工，形成培育的合力。

四、虚拟现实增强大学生社会主义核心价值观培育沉浸化

虚拟现实创造沉浸式传播新形态。“虚拟现实（Virtual Reality 简称 VR）又称灵境技术，兴起于 20 世纪末，是一个综合数字图像处理、计算机图形学、多媒体技术、模式识别、网络技术、人工智能、传感器技术以及高分辨显示等技术，融视觉、听觉、触觉为一体生成逼真的三维虚拟环境的信息集成技术系统。”① 通过短视频与虚拟现实技术的融合，可以实现跨时空在场交流新形态。

（一）虚拟现实增强大学生社会主义核心价值观培育的全息化

大学生通过戴上特殊的装备就可以进入虚拟环境。通过计算机技术生产实现短视频虚拟现实化，通过设备观看故事化诠释不同价值观概念的短视频。虚拟现实带来大学生视觉沉浸、听觉沉浸、触觉沉浸、嗅觉味觉等其他感觉的沉浸，形成大学生感知系统的沉浸性，如可以通过短视频讲述爱国的故事，

---

① 杭云，苏宝华．虚拟现实与沉浸式传播的形成［J］．现代传播（中国传媒大学学报），2007（6）：21-24.

使大学生与虚拟环境中的人物、事件进行全方位的接触，与价值观念产生一种沉浸式互动。全息育人效应来自虚拟空间交流双方全部身体感官信息的全息传播、全息接收与全息互动。

（二）虚拟现实增强大学生社会主义核心价值观培育的交融性

虚拟现实构造了另外一个时代，以人机界面为载体的第二自然时空，创新沉浸式传播，将亲身传播的在场性与短视频的时空性结合，建立一种跨越时空的身体交流，使得远距离交互成为面对面的交流。培育者与学生的交往、大学生与价值观的交往形象化、具身化。受教育者自觉投入虚拟社会关系中，更好地发挥主动性，培育起对社会主义核心价值观的主动认同。如对红军长征的故事短视频化通过虚拟设备播放，可以让大学生真实感受到共产党的初心与使命。同时，虚拟现实的虚拟性又维持了教育者与教育对象之间的张力，既源于现实又超越现实。促成现实人的价值观的生成。

短视频与人工智能融合满足大学生个性化学习需求。“人工智能通过大数据分析和深度学习技术，可以刻画出大学生的学习偏好与知识图谱”①。短视频与人工智能融合，实现大学生社会主义核心价值观培育的个性化、情感化、精准化。

第四节　以机制保障促进大学生社会主义核心价值观实践认同

马克思说：“社会生活本质上是实践的。”社会主义核心价值观的认同最终是要落实到实践层面，实践活动是大学生认识、评价、体验、创造价值实现价值的活动，是使价值观内化为主体意识的关键。在实践活动中，主体不断形成对社会物质生活方式、政治法律制度及文化传统的理解和体会，并基于自己的经验判断接受认同它们所内含的价值观。实践活动是大学生修正完善关于某类事物的价值判断，并选择性内化的过程，是形成自觉的价值意识的关键，使大学生对社会主义核心价值观认同上升至实践认同层面。短视频通过平台化协同育人机制、模仿机制、激励机制、日常化机制促进大学生对社会主义核心价值观的实践认同。

① 胡华．人工智能嵌入大学生思想政治教育的 SWOT 分析及应对策略［J］．思想政治教育研究，2021，37（04）：116-119.

一、平台化协同育人机制促进大学生社会主义核心价值观实践认同

平台化协同育人机制有利于形成培育合力。构建短视频、大数据、主流媒体、非主流媒体的大平台，实现“三全育人”培育目标。各培育主体树立协同联动意识，通过平台化整合短视频资源；通过顶层设计构建制度保障；通过文化短视频生态圈提供内生动力，最终形成短视频协同育人机制。平台化协同育人机制有利于打破媒体与媒体之间壁垒、不同媒体之间传播内容的共通。没有强大的传播力的主流媒体，就不可能会有高扬的社会主义核心价值观。

（一）构建短视频平台化协同育人顶层设计

平台化协同育人机制首先需要打造完善的顶层设计。“要抓紧做好顶层设计，打造新型传播平台，建成新型主流媒体，扩大主流价值影响力版图”①。平台顶层设计包括培育制度设计、培育目标设计、培育评价体系设计三个层面。培育目标设计包括依托短视频空间的媒介特性考虑社会发展需要、大学生发展需要。社会发展需要可以细分为三个领域，理想信念的培育、国家民族认同感的培育、社会责任感的培育。大学生发展需要分为身体领域、精神领域、心理领域。身体领域包括习惯的养成、日常行为的培育。精神领域包括价值观养成、理论素养养成。心理领域包括思维方式、独立思考能力。短视频育人顶层设计建设要紧紧围绕社会发展和大学生个人发展的需要展开。

1. 社会主义核心价值观融入顶层制度设计

社会主义核心价值体系为协同育人提供理论支撑，为短视频良性发展提供精神动力。通过制度融入推动大学生社会主义核心价值观学习，“让学生成为德才兼备、全面发展的人才”②。

第一，公共性原则融入顶层制度设计。短视频平台的经济理性需要社会主义核心价值公共性制约。短视频平台把圈粉、收割流量、赚取名利作为经营的宗旨，强调利益优先。工具理性即受到传统理性影响，“它的纯粹理性、抽象自由、机械教育、霸道科学等的内在局限性……对理性的过分迷信，对自由的单向度阐释，对民主均质化理解的揭露”③。平台经济理性工具理性具体表现为短视频媒体经营者强调利益优先，会淡化社会价值、公平正义理念

---

① 习近平谈治国理政（第3卷）［M］．北京：外文出版社，2020：319.

② 习近平谈治国理政（第2卷）［M］．北京：外文出版社，2017：377.

③ 王治河，樊美筠．第二次启蒙［M］．北京：北京大学出版社，2015：14.

的传播。

第二，短视频平台形成大思政育人制度。社会主义核心价值观包含深刻内涵，其中树立共产主义远大理想、理想信念教育与大学生生活密切相关，顶层制度是指导、规划短视频发展的原则规定，顶层制度与社会主义核心价值观的融合，可以充分发挥短视频育人功能，建设育人环境。一方面，通过“短视频+”发挥思政课主渠道作用，提高大学生马克思主义理论水平，坚定其社会主义和共产主义信仰。充分发挥短视频媒体育人功能，借助短视频传播、宣传社会主义核心价值观。特别是将短视频融入思政课育人过程，创建融思想性、科学性、趣味性、教育性于一体的育人体系。另一方面，根据大学生认知水平、价值取向、个性特征、接受心理、发展需要、生活阅历等发挥短视频+思政课育人功能，在课程中选择贴近学生、贴近实际的大学生感兴趣的热点问题、案例引导学生理性思考，并接受社会主义核心价值观。

第三，短视频平台促进“三全育人”新局面。有利于把社会主义核心价值观培育工作贯穿教育教学全过程，形成全员育人、全程育人、全方位育人的新局面。“必须坚持正确政治方向，这就离不开思想政治工作”①。高校思想政治工作，既是我国高校的特色，又是办好我国高校的优势。短视频平台育人主体多元，可概括为“四主体”育人，短视频平台的社会、家庭、高校、大学生作为教育主体相互配合、相互协作，通过短视频空间的合作追求主体间共生共育，形成大学生社会主义核心价值观形成的自觉自发。

2. 马克思主义信仰融入顶层理念设计

习近平指出：“无论是理论研究、宣传报道还是文艺创作、思想教育，都要把坚持正确导向摆在首位。”② 平台化育人的重要原则是坚守政治原则、把握政治方向，以马克思主义信仰匡正短视频工具理性、多元社会思潮。

第一，马克思主义信仰观融入平台育人理念。尤其面对短视频中纷繁的社会思潮、西方理论和话语吹捧、对西方资本主义意识形态的鼓吹、西方价值观，短视频平台需要大力宣传马克思主义、坚定大学生对中国特色社会主义和共产主义的信仰。短视频社交传播社会主义核心价值观并不是单独传播24个字，而是传播其深厚的理论价值底蕴，这就需要加入鲜活的案例填补网络思想真空地带，构建多方培育平台，避免网络错误思潮泛滥成灾。

第二，坚持马克思主义主导地位。“坚持以马克思主义为指导，是当代中国哲学社会科学区别于其他哲学社会科学的根本标志”③。短视频是传播马克

① 习近平谈治国理政（第2卷）[M]．北京：外文出版社，2017：376-377.

② 习近平关于社会主义文化建设论述摘编 [M]．北京：中央文献出版社，2017：26.

③ 习近平．在哲学社会科学工作座谈会上的讲话 [M]．北京：人民出版社，2016：8.

思主义理论的重要路径。首先，注重两者之间的深度融合。短视频平台马克思主义信仰的融入，需要把关人加强马克思主义信仰，平台内容审核把关是培育认同的关键环节。单纯机器把关难以过滤掉隐含非主流价值观内容的短视频，夹杂在评论中的负面消息。其次，通过短视频排行榜、热门推荐、发现推荐等功能倡导符合马克思主义信仰的短视频内容，激励用户对此类短视频进行创作，营造短视频平台社会主义核心价值观育人的环境。同时要注重马克思主义信仰的亲和力，把理论转化为可亲可信的短视频内容，改变纯学术性、经学院的特征。此外，构建不同传媒资源的“协同体”。大学生社会主义核心价值观认同引导是一项长期工程，需要整合不同短视频资源，强化顶层设计。

（二）建设短视频平台化协同育人阵地

短视频平台化为协同育人阵地的建设提供了空间。应依托互联网平台技术凝聚不同主流媒体，实现相互交流、协作，从而打造社会主义核心价值观育人平台。

1. 增强主流媒体短视频平台育人功能

“加快推动媒体融合发展，使主流媒体具有强大传播力、引导力、影响力、公信力，形成网上网下同心圆，使全体人民在理想信念、价值理念、道德观念上紧紧团结在一起，让正能量更强劲、主旋律更高昂”①。主流媒体从认知、舆论引导方面加强社会主义正能量传播。

第一，强化主流媒体短视频平台议程设置功能。大学生社会主义核心价值观处于培育认知阶段，主流媒体积极设置相应议程，提高社会主义核心价值观的说服力和感染力。科学的议题设置，大学生作为活跃的群体，价值观还没有完全形成，以自我为中心的心理特征、易变的特征，也决定了对大学生群体舆论引导的难度。设置多样化的议题，思想宣讲、话题传播、舆论引导、网络思潮抗战。“如2016年国庆节前夕，共青团中央B站UP主动策划的‘继续前进吧，少年中国’主题”② 获得大学生喜欢。短视频成为构成大学生小世界的工具与场域，主流媒体成为小世界的引导者。主流媒体要敢于发声，坚定立场，特别要做到对一些突发事件迅速回应。

第二，强化主流媒体短视频平台舆论引导功能。在网络突发事件中，培育主体把社会主义核心价值观的内容渗透到舆论引导过程，引导大学生正确看待事件发展，并与违背社会主义核心价值观的舆论形成制衡，做好舆论引

① 习近平谈治国理政（第3卷）［M］．北京：外文出版社，2020：317.

② 程艳林，庞燕．共青团的青年传播范式与舆论引导进路研究［J］．中国青年研究，2021（09）：32-40.

导。主流媒体通过透视真相、平息争议的方式激发、激励大学生价值形成。全域呈现社会主义核心价值观。主流媒体通过流量激励个人媒体传播社会主义核心价值观。主流媒体改变平台媒体流量分成模式。大学生成为传播社会主义核心价值观的节点。短视频场域舆论引导。积极开展短视频场域的主流价值观引导，启动网络舆论分析、监控、引导机制，防止网络言论和错误信息的诱导。“党的新闻舆论工作坚持党性原则”①。主流媒体短视频平台要增强吸引力和感染力，强化舆论引导功能。

2. 发挥高校短视频平台育人功能

高校作为大学生社会主义核心价值观培育的主阵地，应发挥高校主体优势，整合高校资源，形成协同育人的短视频高校媒体平台。高校目前依托的短视频平台有微信视频号、抖音官方认证号等，依托商业平台融合时代特性，发挥价值观引领作用。

第一，发挥高校媒体短视频平台育人示范作用。“中国大学生在线”每年年底评出“全国普通本科院校年度官方视频号综合影响力百强榜”“全国高等职业院校年度官方视频号综合影响百强榜”以及“2021 年度高校优秀视频号单项奖”。其评价体系包括高校视频号等活跃度、传播力、互动值，以及重点网络文化活动参与度、示范带动作用，以此作为评价标准引导高校短视频平台传播正能量引领大学生健康成长。通过推出年度高校抖音综合影响力排行榜，以视频收获播放量、获赞量为评价标准展示优秀短视频，激发高校媒体短视频的创作，通过优秀短视频的展示传播核心价值观。

第二，打造高校短视频平台矩阵。“中国大学生在线”是由教育部主导、全国大学生参与与高校合作的综合性网站，包括中国大学生在线网站、微博、微信公众号、视频号、抖音号等新媒体平台。但是各平台之间缺乏融合，内容发布重复，都是依托现有商业媒体平台，难以打通各平台之间的资源形成核心价值。各个高校之间的短视频分散化。依托商业平台会使自身的公共性、公益性传播与平台的商业性、资本性形成冲突。一方面要聚合不同平台之间的传播内容，根据平台特性制作符合其传播规律的内容；另一方面可通过 APP 平台形式打造高校短视频传播平台，并且融入现有媒体平台中，短视频培育空间更加具体，聚焦大学生主体，搭建育人新阵地。

第三，依托高校短视频平台，发挥大学生主体性作用。高校媒体积极吸引大学生融入平台建设和短视频创作、发布中，使其从教育的对象转变为培育的主体。首先，高校短视频平台建设中吸纳大学生。平台建设中纳入大学

① 习近平谈治国理政（第 2 卷）［M］. 北京：外文出版社，2017：332.

生也是培育大学生群体意见领袖的手段，短视频主流价值观的影响从虚拟空间引入现实生活中，大学生意见领袖身体力行地发挥引导作用。其次，培育大学生短视频媒体素养。针对大学生如何使用短视频、理性分辨社会思潮展开有针对性的一系列培育大学生“认知媒介、参与媒介、使用媒介的能力”①，增强大学生“甄别媒介、评估媒介、反思媒介和形塑质疑批判精神的能力”②。

3. 发挥短视频政务机关平台育人效力

政务机关媒体是大学生社会主义核心价值观培育的重要阵地。政务机关媒体通过信息公开、政务服务、政策理论的宣传解读、热点事件的报道、系列活动的策划，与用户的互动交流内涵丰富、形态多样，传播主流价值观，依托平台搭建短视频育人新阵地。

第一，促进政务短视频平台发展。2018 年被称为“政务短视频元年”，政务短视频进驻平台。当前政务短视频仍处于初期发展阶段，应吸引公众参与，同时增强其渗透力和垂直扩散。政务短视频传播内容应多元，包括信息资讯、公共服务、生活安全等，其作用的发挥取决于点赞量、评论、播放量，以及其政治效能和动员能力。党政机关和事业单位使用短视频来发布信息、交流互动，成为政策宣传、形象树立的重要平台。从规模、影响力判断，政务短视频主要集中在短视频平台，出现一些优质政务短视频抖音号，还涌现出一批“网红”政务抖音号。如“一些‘网红’政务抖音号圈粉数达十万甚至上百万，单条短视频的播放量甚至可以达到亿次，成为认识政府部门的重要窗口”③。政务短视频具有较强的传播力，与其他类型应用相比，政务短视频播放量超出其他政务平台。政务短视频也面临一些挑战，需要专门的人员负责媒体运营与内容创作，对人员的创意素养提出新要求。

第二，政务短视频提升大学生参与的广度和深度。从发布内容角度看，政务短视频发布视频类型可分为时事热点、形象宣传、知识类、热点话题、文化宣传、体育赛事等。从政务平台自身建构看，政务平台的公信力容易让用户产生信任感。从传播手段看，政务媒体依托政府行政层级易增强渗透力。与传统的“政务双微”相比，政务短视频具有天生的优势，创作视频的情景性、娱乐化改变了传播政治话语，更加亲民。背景音乐的使用，增强用户的进入感、代入感，引发大学生情感共鸣。

---

① 袁军．媒介素养教育论［M］．北京：中国传媒大学出版社，2010：4.

② 王学俭，靳海龙．大数据时代大学生媒介素养提升研究［J］．思想政治教育研究，2020，36（06）：142-146.

③ 马亮．政务短视频的现状、挑战与前景［J］．电子政务，2019（07）：2-10.

第三，政务短视频平台建构形成培育合力。政务短视频平台首先依托政府现有的“两微一端”及政务头条号，形成统一集中的传播载体。不同媒体之间定位清晰，共同服务于正能量传播目标。其次，政务短视频成为大学生思想政治教育专门化载体，“共青团中央”定位清晰、目标精准，传播内容更具有针对性。对于大学生社会主义核心价值观的传播内容可以共享，政务短视频平台与主流媒体、高校短视频平台形成合力，共享优质内容，形成“中央厨房”，有利于打造爆款短视频，提高传播的辐射力。同时政务短视频可以展开线上线下活动，通过转推有关短视频与用户互动，如在清明节展开致敬英烈活动。短视频平台化发展是推进“三全育人”的重要进路。

（三）激发短视频平台化协同育人文化动力

短视频文化多元，既有正能量、主流文化也存在青少年亚文化以及反主流文化，净化短视频生态文化，壮大主流文化、引导非主流文化、遏制反主流文化，形成生动活泼、清朗健康的短视频文化生态。大学生社会主义核心价值观认同培育是一项政治性、规律性、人文性统一的系统工程，必须坚持以文化人、以文育人。深化短视频传播内容文化底蕴，充分推动短视频与文化的深度融合。“中国特色社会主义文化，源自于中华民族五千多年文明历史所孕育的中华优秀传统文化，熔铸于党领导人民在革命、建设、改革中创作的革命文化和社会主义先进文化，植根于中国特色社会主义伟大实践”①。主流文化是引领短视频良性发展的精神动力，为短视频平台提供了丰富的资源。优秀文化有利于传播正能量、引领社会风气。短视频传播优秀文化包括传统文化、革命文化、爱国主义文化。

1. 优秀传统文化融入短视频协同育人

优秀传统文化是弘扬社会主义核心价值观的重要源泉。“深入挖掘和阐发中华优秀传统文化讲仁爱、重民本、守诚信、崇正义、尚和合、求大同的时代价值，使中华优秀传统文化成为涵养社会主义核心价值观的重要源泉”②。中国优秀传统文化与社会主义核心价值观之间关系密切。中国传统文化“宇宙观、天下观、社会观、道德观的重要体现，同科学社会主义价值观主张具有高度契合性”③。

第一，优秀传统文化成为短视频平台聚合的“根”与“魂”。“社会主义核心价值观主要源于中华优秀传统文化思想，中华优秀传统文化实际上是一

---

① 习近平谈治国理政（第3卷）［M］. 北京：外文出版社，2020：32.

② 习近平谈治国理政（第1卷）［M］. 北京：外文出版社，2018：164.

③ 习近平. 高举中国特色社会主义伟大旗帜，为全面建设社会主义现代化国家而团结奋斗——在中国共产党第二十次全国代表大会上的报告［M］. 北京：人民出版社，2022：18.

种道德文化，遵道厚德是中国历史上最基本的价值观”①，以短视频推动两者之间的融合。中华优秀传统文化“也为中华文明提供了重要内容，为人类文明作出了重大贡献”②。首先，中华优秀传统文化包含着中华民族的“根”与“魂”，为大学生形成正确价值观提供精神支撑。其次，中华优秀传统文化蕴含时代价值，为大学生解决现实难题提供启迪，成为培育大学生价值观的价值力量。

第二，短视频继承发扬优秀传统文化。短视频传播过程凸显两者之间的联系。一方面，优秀传统文化蕴含着社会主义核心价值观的精神本质。如“天人合一”“和而不同”强调“和谐”价值准则；“大道之行也，天下为公”“天下兴亡，匹夫有责”倡导“爱国”价值观念；“人而无信，不知其可也”强调“诚信”价值观念；“不患寡而患不均”蕴含“公正”价值理想。另一方面，社会主义核心价值观是对优秀传统文化的传承和升华。短视频实现传统文化创造性转化，为社会主义核心价值观认同提供精神底蕴。“优秀传统文化是一个国家、一个民族传承和发展的根本，如果丢掉了，就割断了精神命脉”③。依托短视频载体推动传统文化中的精髓滋养社会主义核心价值观认同。

第三，优秀传统文化为短视频促进青少年价值观养成提供文化资源。“使中华优秀传统文化成为涵养社会主义核心价值观的重要源泉”④，短视频空间传播优秀传统文化，为社会主义核心价值观的传播提供了丰富的传播载体。通过短视频传播优秀传统文化是对其的继承与创新，有利于传统文化从书斋走入大学生心中。通过弘扬优秀传统文化大力发扬中华民族艰苦奋斗的优良传统、弘扬让大学生继承优秀文化基因，为弘扬社会主义核心价值观奠定文化动力。此外，通过视频阐发中华优秀传统文化时代价值，让大学生体会社会主义核心价值观的根与脉。

2. 红色文化助力短视频协同育人

“红色文化是社会主义核心价值体系的源头”⑤。短视频与红色文化融合，既增强短视频价值性、文化性又促进了革命文化的传播。短视频与红色文化融合让大学生在沉浸中体会革命文化的内涵和底蕴，从而引导大学生坚定理想信念，为社会主义核心价值观认同汇聚精神力量。

第一，短视频红色文化精神载体育人。短视频展演红色教育基地，虚拟

① 左殿升，冯锡童．新时代大学生社会主义核心价值观认知认同实证研究——以全国 30 所高校为例［J］．思想教育研究，2019（03）：70-74.

② 习近平．在哲学社会科学工作座谈会上的讲话［M］．北京：人民出版社，2016：5.

③ 习近平谈治国理政（第 2 卷）［M］．北京：外文出版社，2017：313.

④ 习近平谈治国理政（第 1 卷）［M］．北京：外文出版社，2018：164.

⑤ 李平．弘扬红色文化 抵制“三俗”之风［N］．光明日报，2010-09-03（7）.

空间与现实资源的融合，建设网络红色教育基地，推进红色物质资源的网络化、视频化、虚拟化。短视频构建全方位、多交叉的红色资源，提高影响力和覆盖面，加深大学生对红色文化体验感与参与度。此外，短视频通过红色文化熏陶不同形态红色文化，红色精神包括党和人民在长期革命斗争实践过程中，体现、展示的诸多革命精神，如“井冈山精神、长征精神、苏区精神、延安精神等……这些资源凝聚了诸多的民族精神、民族情感、共同理想和价值追求”①。红色文化既包含时代变迁的精神又包含中华民族精神特质，让大学生通过红色文化认清、了解中国的国情，体会生活的来之不易。红色文化赋予社会主义核心价值观时代价值，让大学生真正理解共产党人的价值追求、历史追求、利益追求，从而把个人利益、国家利益、民族利益统一在一起，把个人命运与国家命运统一在一起。红色文化中蕴含着社会主义核心价值观各个层面的教育元素，通过短视频开发红色资源，既拓展了红色资源研发新平台，又创新新时代革命传播的传承方式。短视频推进红色文化教育进课堂、进教材、进学生头脑，有效探索推动红色文化运用于大学生培育过程，使大学生受到红色文化无所不在的熏陶，主动实践社会主义核心价值观。

第二，短视频红色文化物质载体育人。短视频红色文化传播多样性。从内容、技术两方面扩大红色文化在短视频空间的传播频率与覆盖率，以贴近历史、贴近大学生，弘扬主旋律。红色文化中的遗址、纪念物、纪念馆属于物质载体，通过依托虚拟现实技术制作成短视频，增强大学生红色文化体验感，物质载体成为吸引人、凝聚人、引导人推广主流价值观的物质载体，把红色文化教育渗透到短视频空间，通过虚拟空间参观活动，让大学生身临其境，通过重温红色文化，激励大学生在中国特色社会主义伟大事业上继续前进。从内容角度看，红色文化物质载体是革命精神的体现，展现示范伟大的革命情操，对大学生社会主义核心价值观培育具有很强的说服力。一些战争遗址搬入短视频空间，既是革命时期的物证，又可以通过展示红色历史，增强体验感，还有利于促进大学生社会主义核心价值观的知行合一。

二、模仿机制促进大学生社会主义核心价值观实践认同

短视频容易激发大学生模仿欲。短视频仪式化有利于吸引大学生注意，通过模仿所倡导的行为，从行为上认同社会主义核心价值观。

(一) 短视频仪式化加强大学生与社会主义核心价值观互动

短视频仪式改变在场定义。仪式并不需要实体在场，只是虚拟性在场。

① 肖灵．红色文化与大学生核心价值观教育［J］．江苏高教，2013（01）：123-125.

视频化方式使得双方身体在场感有所增强。“观众的反应是仪式的重要特性之一。离开了反应，仪式就是空的”①。短视频提供多元丰富的互动手段，互动从时间上看具有多维性，可以是即时的也可以具有延时性。

1. 短视频传播社会主义核心价值观仪式化

仪式作为大学生思想政治教育的重要载体，同样具有价值观传承、教育功能。短视频传播的仪式具有多样性，价值观教育的难点就在于让受教育者产生受教育的需求，仪式的重要功能是为价值观教育创作契机。“即在时间节点上举行的沟通世俗与神圣两个世界的人类活动。承启性、神圣性是仪式的两个基本特征”②。短视频传播使抽象的价值观念转化为具有生命力的符号，有意义、形象化的可感知的仪式，有效培育大学生对社会主义核心价值观的认同。

2. 仪式化推动认同转化

一方面，仪式的时间性、节点性为价值观传播提供契机。从时间角度看，仪式通过特殊时间节点唤醒记忆，让大学生产生价值观的需求，借助节点转折过渡，借助让大学生感受节点的意义，产生价值需求。另一方面，仪式可以将抽象的价值观念具体化，使价值观借助仪式进入信仰层，让大学生获得精神价值的洗礼。社会主义核心价值观具有抽象性，这种抽象性增加了其超越性与神圣性，但同时也为大学生理解价值观念带来困难。社会主义核心价值观作为马克思主义信仰体系的支撑，有与仪式相融的信仰特质，短视频仪式化传播路径通过符号化、象征化、具象化手段对社会主义核心价值观进行仪式化编码转码，使抽象的概念变成可感知、可观可看的具象化仪式，同时具有强烈的情感传染力与情境性，通过仪式化路径推动价值观进入大学生意识。此外，仪式通过各种行为、姿态符号传达价值观。来源于日常或传统的利益，迁移到短视频中，通过社会主义核心价值观的融入演变为统一的行为准则，有利于大学生模仿。如升旗仪式、国庆典礼、大阅兵、国难悼念活动等培育大学生爱国精神，传播爱国情怀；教师节、记者节、警察节等庆典活动，宣传爱岗、敬业等价值观念。

3. 短视频创新社会主义核心价值观仪式化

“要建立和规范一些礼仪制度，组织开展形式多样的纪念庆典活动，传播主流价值”③。拓展社会主义核心价值观传播的新路径。短视频传播已有的仪

① ［法］丹尼尔·戴扬，伊莱休·卡茨．媒介事件［M］．麻争旗译．北京：北京广播学院出版社，2000：108.

② 杨巧．试论社会主义核心价值观教育中的仪式建构［J］．教学与研究，2014（08）：81-87.

③ 习近平谈治国理政（第1卷）［M］．北京：外文出版社，2018：165.

式，并在其基础上创作形成新的仪式，或者赋予其新的意义。“互动仪式基本条件之一，是两个或两个以上的人聚集在同一场所，共同关注某一事物”①。短视频消解时空限制，拓展仪式发生的时空限制，创新仪式形式。短视频赋予仪式化新的象征符码系统，不仅包括静态的文字图片，还包括动态的视频，赋予象征符码更多意义、深度。也可以将象征符号按照组合方式进行分层，不同的符号具有不同的象征意义，并对应、涵盖核心价值观的12个概念，使之成为完整的象征体系，并转化为仪式化象征。短视频创造仪式与社会主义核心价值观的关联度，一方面，使大学生通过仪式可以感受体会到社会主义核心价值观，赋予仪式新的传播价值；另一方面，仪式的内涵与社会主义核心价值观的深层次的意义相互联系，从而达到仪式内容与形式、理论与表象统一于社会主义核心价值观传播。此外，短视频消除了时空的限制，创作出新的仪式空间，找寻出大学生生活中的教育契机。短视频利用政治性的纪念日以及党史国史上的重要节日，还包括传统的节日及国际节日，推出系列短视频。短视频通过系统符码赋予特殊时间节点不同意义，以承载社会主义核心价值观多个层面的意义。短视频还可以利用虚拟现实技术把纪念广场、纪念碑、烈士陵园等有仪式感的空间嵌入进来，通过线上参观互动、留言等形式，增强仪式互动感、空间可视感。短视频仪式化把社会主义核心价值观融入进去，使大学生感受历代先辈为国家富强民主、民族复兴付出的心血和其不朽的民族精神。短视频改变了仪式的时空人数限制，可以在虚拟空间汇聚大学生。短视频借助仪式载体培育有特色的、系统化的价值观仪式文化，使社会主义核心价值观形象化、具体化，有利于促进大学生对其认同的转化。

（二）短视频模仿机制促进大学生社会主义核心价值观行为认同

短视频模仿功能有利于推动社会主义核心价值观从认知层面向实践层面转化。短视频“具有的交互性、低门槛、高自由度等特征使互联网文化为微观文化自我复制、发展、演进、变异、再创作提供了条件”②。同时短视频空间为个体模仿提供充沛的素材来源。因此，利用短视频易模仿、利于模仿的特性，将社会主义核心价值观融入短视频空间。

短视频为社会主义核心价值观模仿提供载体。短视频易于模仿的拍摄模式及具有的流行潜质，方便大学生通过模仿热门视频，习得其中的流行性行为或叙事。互联网迷因是指“由互联网用户传播、模仿和转变的流行文化单

---

① 吕培瑶．区隔、互惠与“自我呈现”：观影团的亚文化切片［J］．电影评介，2021（Z1）：101-104.

② 常江，田浩．迷因理论视域下的短视频文化——基于抖音的个案研究［J］．新闻与写作，2018（12）：32-39.

元，也是由互联网用户创造、共享的文化体验”。短视频生产娱乐化内容的同时，也有效激发用户参与热点话题的激情。充分挖掘短视频文化中的流行因子和文化单元，大学生作为数字原住民熟稔于视频化创作，大学生热衷模仿的心理与短视频模仿机制切合，激发大学生具有的文化潜能创作欲与表演欲望。短视频平台简单易学的舞蹈如“海草舞”“C 哩 C 哩舞”“手势舞”等，玩法众多、容易模仿，同时情节简单的剧本表演魔性十足，卷入程度高。可将公民层面的社会主义核心价值观通过短视频编排成舞蹈，配上易于诵记的歌词，并通过商业平台、高校平台发布，使大学生通过模仿认同价值观念，并使社会主义核心价值观从理论层面走入实践层面。短视频模仿行为有助于个体采用同样的音乐、舞蹈、特效，激发个体自身模仿意愿、模仿驱动力。

短视频有利于形成社会主义核心价值观模仿——反馈机制。大学生模仿短视频过程中主体的情绪体验也会受到短视频中主体的面部表情、语言表达及动作行为的影响。模仿是多层次的，首先是情绪模仿，用户会与短视频中表露的喜悦、忧伤、恐惧等情绪形成共振、达成情感共鸣。其次，情绪一般会带来面部肢体表情，短视频带来直观的体验，用户可以观察到视频中人物丰富、细微的动作变化，加上短视频动作特性突出、放大局部动作的功能，让动作成为情绪的载体和象征，通过外在表现直观地投射到屏幕上。此外，大学生会观察到并下意识模仿由情绪产生的动作，形成表情、声音、姿态等反射性模仿动作，回馈大学生根据短视频的情感表达、情绪流露、动作表征来唤醒自身经历并通过肌肉运动来实现模仿反馈，展现与他者相同情绪的同时，通过肢体形式下意识模仿实现交流互动。由短视频引起的模仿反馈机制会在群体中相互感染，特别是当聚集一起共同观看短视频时，时空的同在感，会加大群体感染的效果，推动群体之间共同的认知与认同，形成持续循环过程。大学生从众心理、模仿心理，使大学生通过模仿表达方式、行为姿态成为组织的成员，避免被边缘化。同是由于大学生个体的经历、性格的差异性，模仿与反馈机制也呈现出多样性，女生对于情绪的表达与回应强于男生。在短视频传播社会主义核心价值观过程，对于短视频人物的选择要具有多样性，满足不同用户需求。对于短视频要表达的情绪也应做好引导，加强社会主义核心价值观融入短视频过程，并丰富融入方式，使爱国、爱岗、互助、友爱的正向情感感染大学生，促进正向情感的模仿反馈机制。

三、激励机制促进大学生社会主义核心价值观实践认同

激励教育法是思想政治教育经常使用的方法，“就是激发人们的主观动机，鼓励人们朝着正确的目标努力的方法”①。短视频通过多种激励手段，调动大学生的积极性，强化大学生认同的获得感。

（一）短视频激励大学生参与内容生产

短视频激励教育是促进大学生社会主义核心价值观行为认同的重要手段。激励主体可以分为两个层面，大学生以及短视频空间其他创作者。短视频通过物质与精神奖励两种手段发挥作用，吸引大学生参与到社会正能量短视频创作与拍摄实践中。

1. 激励大学生参与社会主义核心价值观互动

短视频确立“模仿拍摄”模式，相同的文案、背景音乐，大学生可以轻轻触屏模仿拍摄，借用简单易行的手指操作，对热门短视频进行模仿。“在对短视频流行原因的调查中，58.24%的大学生认为短视频流行是因为它抓住了青少年求关注、想出名的心理”②。短视频鼓励用户参与模仿拍摄，方便大学生用户的参与，使大学生在拍摄短视频过程中获得自我确认。“如果人们通过一个媒体提供的信息而受益，也就是受到‘奖励’，那么就会愿意选择这个媒体”③。首先，短视频已经成为大学生的刚需，大学生通过短视频互动确认自我角色。短视频内容丰富，包括新闻信息、娱乐信息、生活信息等多种类信息，满足大学生信息需求，大学生用户在使用短视频过程中获得“高阈值”享受。通过观看此类短视频对大学生进行目标激励，把短视频中榜样人物作为自己的目标，让大学生理解、接受社会主义核心价值观。

2. 激励大学生参与短视频专题拍摄过程

短视频提供多种交流互动方式。大学生既可以观看也可以参与到拍摄过程，其传唱度较高的音乐模仿和优化、便捷的拍摄方式，以及多功能滤镜特效拓展了大学生参与实践的途径。因此，通过设置短视频竞赛等方式鼓励大学生参与拍摄，激励大学生成为社会主义核心价值观的传播者。社会主义核心价值观类短视频也要注重专题性、时政性与系统性。如可以与党史教育、重大会议、突发事件相联系，依托具体内容、有意义的时间节点，高校组织

---

① 郑永廷．思想教育方法论［M］．北京：高等教育出版社，2020：161.

② 黄海鹏，门瑞雪，曲铁华．短视频文化影响下的大学生价值观现状透视［J］．学校党建与思想教育，2019（18）：86-89.

③ 张健挺．网络舆论“偏听偏信”现象解析——行为心理学的视角［J］．新闻记者，2006（10）：15-16.

大学生参与短视频拍摄、竞赛，以强化大学生对社会主义核心价值观的行为认同。

（二）短视频激励机制的手段

短视频平台对社会主义核心价值观传播的激励手段包括奖罚激励。一方面，对传播正确价值观念的短视频给予肯定、表扬、推送；另一方面，对于违背社会主义核心价值观传播的短视频进行惩罚处分等。

1. 拓展短视频激励机制的场域

主旋律短视频融入思政课堂，思政课成为社会主义核心价值观培育的主渠道，应促进主旋律短视频与课堂的有机融合，主旋律短视频融入思政教学中，增强了思政课的吸引力、针对性。思政课教师引导大学生拍摄主旋律短视频，以真实主观、冲击力强、富有感染力的手段帮助激发大学生对国家、民族的认同感，并从思想上、行动上抵制错误的思潮。一方面，课堂教学环节、目标设置短视频拍摄的要求，激励大学生结合教学内容、时政内容参与视频拍摄，从而对党的政策方针理解得更深刻。如发挥其大学生主体性作用，通过分组撰写脚本等活动参与社会主义核心价值观短视频的拍摄。另一方面，思政课教师还要及时在课堂进行展示和点评学生作品，既提高大学生对社会主义核心价值观的领悟力、认同感，也锻炼大学生的实践能力与获得感。此外，短视频融入思政课堂时，要注意视频选择的类型、长度、清晰度，以有广度、有温度、有深度的作品贴近主题、融入课堂，使短视频成为高校思政课“三进”有效工具，让思政课走进学生心里，驱动大学生践行社会主义核心价值观。

2. 完善短视频激励机制

一方面，短视频平台将社会主义核心价值体系的传播力、发布次数、引导力作为评价标准加入短视频排行中，同时短视频平台分类突出主流媒体传播优势，引导社交媒体、商业媒体价值导向。另一方面，通过短视频大赛、最佳影片评比等方式，吸引大学生主动参与。通过专题类短视频竞赛“极大地增强了大学生对思政课学习的参与度获得感，广受学生好评”[①]。此外，通过反面激励的手段，将有意传播西方社会思潮、诋毁社会主义发展成果的个人或组织纳入负面清单，通过封号、下架等手段予以警示。

短视频平台建立完善评价体系，既包括正向激励也包括反面激励。评价体系有利于引导短视频正向发展，引领大学生进行社会主义核心价值观的行

① 潘红涛．主旋律短视频融入高校思政课教学方式初探［J］．思想理论教育导刊，2021（03）：84-87.

为实践。

四、日常化机制促进大学生社会主义核心价值观实践认同

短视频传播具有日常化呈现特征。“一种价值观要真正发挥作用，必须融入社会生活，让人们在实践中感知它、领悟它”①。社会主义核心价值观的传播应该贯穿于大学生日常学习、生活、实践中，逐渐成为大学生生活的准则。

（一）通过议程设置功能构建社会主义核心价值观的信息流

短视频具备的议程设置功能有利于形成持续的信息流。“努力把核心价值观的要求变成日常的行为准则，进而形成自觉奉行的信念理念”②。通过短视频议程设置使社会主义核心价值观变为具体的、可感知的、形象化的日常化形态。

1. 发挥短视频议程设置双向功能

短视频议程设置的双向功能提供日常化线索。短视频在为用户提供信息流、意见流、价值流的同时，用户也通过终端上传短视频内容，提供短视频源。短视频的议程设置功能是双向的，双向互动的议程设置模式提供了多样的议题来源，更容易引起具有相同身份的用户的共鸣和价值认同。短视频为大学生搭建一个开放实现平等交流的平台，为大学生提供接近媒介、传播信息的平台。短视频成为大学生用户之间情感联系和社会关系的连接者。大量日常生活的议题经由短视频用户上传到短视频空间，其实是将无数单独议题集中的过程。“基于对某一话题的共同关注、信息共享带来价值和身份认同”③。社会主义核心价值观实践认同的一个关键环节是将抽象理论日常化，使用日常化的手段促成大学生行为认同。议程设置权由大众媒体转移到个人用户，大学生本身传播短视频过程就包含着行为认同的属性。

2. 创新议题的表现形式

“要注意把社会主义核心价值观日常化、具体化、形象化、生活化，使每个人都能感知它、领悟它”④。一方面，推动议题的日常化。通过身边好人好事弘扬社会主义核心价值观，使用小的故事阐发抽象理论，在潜移默化中融入大学生生活中，并外化为其自觉的行动。另一方面，短视频空间社群议程设置的聚合功能有利于价值观传播的持续化。“多元行为主体在特定时期严肃

---

① 习近平关于社会主义文化建设论述摘编［M］．北京：中央文献出版社，2017：19.

② 习近平谈治国理政（第1卷）［M］．北京：外文出版社，2018：174.

③ 喻国明．微博影响力的产生机制与作用空间［J］．中关村，2010（04）：91.

④ 中共中央文献研究室编．习近平关于社会主义文化建设论述摘编［M］．北京：中央文献出版社，2017：15.

关注的主题或问题清单，而议程设置正是将所有可能的问题集合缩小到他们实际聚焦关注的问题集合”①。短视频空间具有社群议程设置的功能，通过用户交流与互动将议题逐渐凝练化，同时伴随议题成为显著议题过程。短视频APP“一键转发”功能可以形成议程圈子效应，由个体传播递进到群体传播、大众传播，也为社会主义核心价值观带来强大的互动、多向传播效果，加大影响力和动员力。一方面，形成持续化的传播环境，逐渐渗透到大学生日常生活中；另一方面，日常的信息为社会主义核心价值观增添了鲜活的内容，更容易跨平台构建议题。

（二）通过短视频场景化推动社会主义核心价值观日常化

短视频构成场景的基本要素包括：时间、空间、地点、人物、环境及相互连接的方式，用户的生活习惯、实时状态、社交氛围。约书亚·梅罗维茨认为，新的传播媒介的出现和广泛使用，可能会建构新的场景，而新的场景又会塑造新的行为。② 短视频多场景化分为共性化场景和个性化场景。

1. 短视频场景化与日常化结合

场景是人们活动中不断面对的“环境流”，是影响认同的重要变量。主流媒体在短视频场域中建立场景区隔。将共性化场景与日常生活、环境联系，从不同层面推动大学生对社会主义核心价值观的践行与认同。短视频场景从国家层面围绕“富强、民主、文明、和谐”的价值取向，通过理想信念教育让大学生把个人理想与国家理想结合在一起，社会层面围绕“自由、平等、公正、法治”的价值取向，通过短视频传播法治知识、马克思主义的自由观，培育大学生良好心态；公民层面围绕“爱国、敬业、诚信、友善”的价值准则，通过短视频开展爱国教育、诚信教育，使大学生讲道德、守道德，并把诚实守信作为道德根基。短视频拓展社会主义核心价值观的内涵，将具体的价值观念与日常化场景结合，强化社会主义核心价值观对实践的指导作用。

2. 短视频个性化场景精准推送

场景“强调以人的体验为中心，强调契合或者引领新生活方式”③。短视频多场景化，场景是不断移动、不断切换的，而不是固定不变的。不同场景可以触发大学生的不同需求，不同场景中采用不同培育手段。主流媒体应固定区隔场景，以加强情感联系。引领大学生社会主义核心价值观形成过程，

---

① 韦宗友．国际议程设置：一种初步分析框架［J］．世界经济与政治，2011（10）：38-52+156.

② ［美］约书亚·梅罗维茨．消失的地域：电子媒介对社会行为的影响［M］．肖志军译．北京：清华大学出版社，2002：11.

③ 李慧朋．移动智能媒介环境下场景分化的动因及影响［J］．现代视听，2018（05）：54-57.

个性化场景与价值观结合，唤醒大学生个体的认同。精细化场景遵循“先贴人，再贴心”原则，把短视频场景与细分的日常场景联系。具体而言与就业、日常人际交往、升学考试等场景联系，在不同场景中融入不同价值观念。通过场景细分把社会主义核心价值观与大学生成长发展从实际生活入手，使价值观传播符合大学生特点。“把大道理转化为他们乐于接受的小道理，由浅入深、潜移默化地引导他们立大志、蓄德能、报家国”①。短视频提供大量的、有趣的生活化、个性化场景匹配大学生心理需求，激发大学生积极践行社会主义核心价值观。

价值观的培育具有重要作用，“对于促进人的全面发展、引领社会全面进步，对于集聚全面建成小康社会、实现中华民族伟大复兴中国梦的强大正能量，具有重要现实意义和深远历史意义”②。思想政治教育者应发挥短视频优势，通过形象吸引、情感动员、技术涵化、机制保障形成完善的育人体系（如图 6-1 所示）。发挥短视频优势，增强社会主义核心价值观的吸引力、感染力、说服力，引导大学生认同社会主义核心价值观。

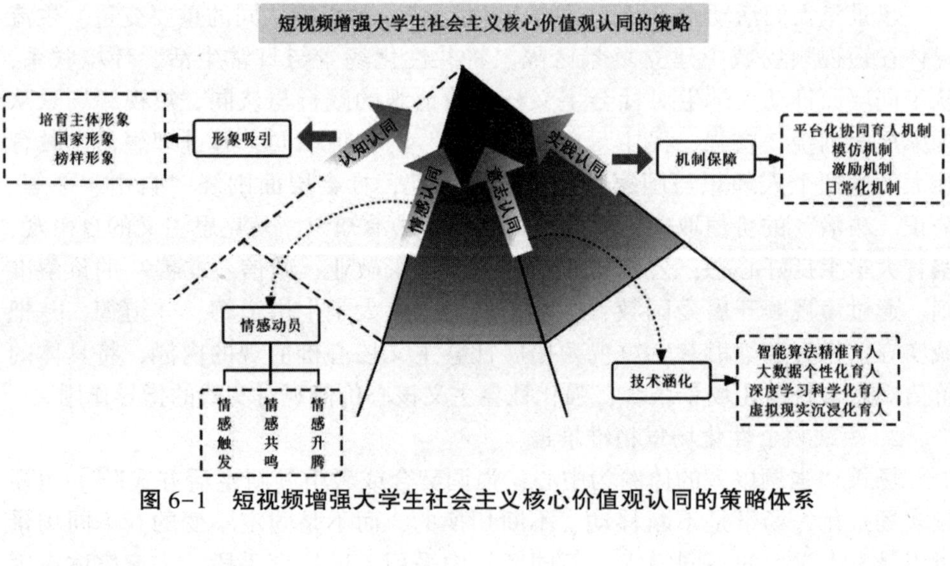

图 6-1　短视频增强大学生社会主义核心价值观认同的策略体系

---

① 祖嘉合．试论“90 后”大学生理想信念教育的高层引领［J］．教学与研究，2011（04）：10-13.

② 教育部思想政治工作司．加强和改进大学生思想政治教育重要文献选编（1978-2014）［M］．北京：知识产权出版社，2015：644.

主要参考文献

[1] 徐耀魁．西方新闻理论评析［M］．北京：新华出版社，1998.

[2] 彭克宏．社会科学大词典［M］．北京：中国国际广播出版社，1989.

[3] 包亚明．现代性与空间生产［M］．上海：上海教育出版社，2003.

[4] 聂立清．我国当代主流意识形态认同研究［M］．北京：人民出版社，2010.

[5] 吴潜涛，艾四林．社会主义核心价值观研究前沿问题聚焦［M］．北京：人民出版社，2018.

[6] 陈晏清，王南湜，李淑梅．现代唯物主义导论［M］．北京：北京师范大学出版社，2017.

[7] 贺来．"主体性"的当代哲学视阈［M］．北京：北京师范大学出版社，2013.

[8] 中国心理卫生协会．心理咨询师［M］．北京：民族出版社，2005.

[9] 张再兴等．网络思想政治教育研究［M］．北京：经济科学出版社，2009.

[10] 陈伟军．社会思潮传播与核心价值引领［M］．北京：人民出版社，2015.

[11] 桑国标．学校心理咨询基础理论［M］．上海：上海人民出版社，2008.

[12] 童世骏．意识形态新论［M］．上海：上海人民出版社，2006.

[13] 陈秉公．思想政治教育学原理［M］．沈阳：辽宁人民出版社，2001.

［14］蔡文之．网络：21 世纪的权力与挑战［M］．上海：上海人民出版社，2007.

［15］郭湛．主体性哲学——人的存在及其意义［M］．昆明：云南人民出版社，2002.

［16］黄传新等．社会主义意识形态的吸引力和凝聚力研究［M］．北京：学习出版社，2012.

［17］陈万柏，张耀灿．思想政治教育学原理［M］．北京：高等教育出版社，2015.

［18］俞可平．思想解放与政治进步［M］．北京：社会科学文献出版社，2008.

［19］尹艳秋．必要的乌托邦：教育理想的历史考察与建构［M］．福州：福建教育出版社，2004.

［20］沈壮海．思想政治教育有效性研究［M］．武汉：武汉大学出版社，2002.

［21］郭庆光．传播学教程［M］．北京：中国人民大学出版社，2011.

［22］王治河，樊美筠．第二次启蒙［M］．北京：北京大学出版社，2015.

［23］沈国权等．思想政治教育环境论［M］．上海：复旦大学出版社，2002.

［24］袁军．媒介素养教育论［M］．北京：中国传媒大学出版社，2010.

［25］伍新春，胡佩诚．行为矫正学［M］．北京：高等教育出版社，2005.

［26］郑永廷．思想教育方法论［M］．北京：高等教育出版社，2020.

［27］杨立英，曾盛聪．全球化、网络化境遇与社会主义意识形态建设研究［M］．北京：人民出版社，2006.

［28］杨钢元．具象传播论——形名学之形学［M］．北京：人民文学出版社，2008.

［29］周中之，石书臣．社会主义核心价值体系教育探索［M］．上海：上海人民出版社，2007.

［30］沈壮海．新编思想政治教育学原理［M］．北京：中国人民大学出版社，2022.

［31］季海菊．新媒体时代高校思想政治教育对解构与重塑［M］．南京：东南大学出版社，2014.

［32］张雷．传播理论与大学生思想政治教育有效接受研究［M］．杭州：浙江大学出版社，2015.

［33］冯刚．思想政治教育学学科发展新论域［M］．广州：中山大学出版社，2022.

［34］杨海军．思想政治教育情感载体研究［M］．北京：人民出版社，2019.

［35］王新山．中国古代思想政治教育史论［M］．武汉：武汉大学出版社，2016.

［36］王炎．党内思想政治教育制度建设的历史进程与经验研究［M］．北京：中央编译出版社，2016.

［37］潘强．高校网络思想政治教育生态系统构建研究［M］．北京：中央编译出版社，2019.

［38］翟中杰．大学生网络思想政治教育过程导论［M］．北京：人民日报出版社，2017.

［39］张园园．思想政治教育载体有效运用的困境及其消解［M］．北京：社会科学文献出版社，2015.

［40］王平．马克思主义思想政治教育主要方法论［M］．长春：东北师范大学出版社，2015.

［41］熊建生．思想政治教育内容结构论［M］．北京：中国社会科学出版社，2012.

［42］王易．传统文化与思想政治教育创新［M］．北京：中国人民大学出版社，2018.

［43］段永朝．互联网：碎片化生存［M］．北京：中信出版社，2009.

［44］项久雨．思想政治教育价值论［M］．北京：中国社会科学出版社，2003.

［45］张云．思想政治教育心理学［M］．上海：上海人民出版社，2001.

［46］郑兴东．受众心理与传媒引导［M］．北京：新华出版社，1999.

［47］郭庆光．传播学教程（第二版）［M］．北京：中国人民大学出版社，2011.

［48］檀传宝等．大众传媒的价值影响与青少年德育［M］．福州：福建教育出版社，2011.

［49］王虹，刘智．新媒体时代高校思想政治教育创新研究［M］．北京：中国社会科学出版社，2012 年第 1 版．

［50］段鹏．政治传播：历史、发展与外延［M］．北京：中国传媒大学出版社，2011.

［51］张军成．价值观的力量：大学生社会主义核心价值观教育研究［M］．北京：光明日报出版社，2016.

［52］张志丹．意识形态功能提升新论［M］．北京：人民出版社，2017.

［53］孙少平．新中国德育五十年［M］．福州：福建教育出版社，2002.

［54］崔志胜．社会主义核心价值观基本问题研究［M］．北京：中国社会科学出版社，2014.

［55］陈延斌．陶铸国魂：社会主义核心价值体系融入国民教育和精神文明建设全过程对策研究［M］．广州：广东高等教育出版社，2015.

［56］冯颜利，廖小明．问题·旨趣·路径：社会主义核心价值观新探究［M］．北京：人民出版社，2014.

［57］［美］塞缪尔·亨廷顿．文明的冲突与世界秩序的重建［M］．北京：新华出版社，1998.

［58］［美］韦尔伯·施拉姆．大众传播媒介与社会发展［M］．金燕宁，蒋千红，朱剑红译．北京：华夏出版社，1990.

［59］［美］丹尼尔·贝尔．资本主义文化矛盾［M］．赵一凡，蒲隆，任晓晋译．上海：上海三联书店，1989.

［60］［美］加布里埃尔·A. 阿尔蒙德，小 G. 宾厄姆·鲍威尔等．比较政治学：体系、过程和政策［M］．曹沛霖等译．上海：译文出版社，1987.

［61］［加］马歇尔·麦克卢汉．理解媒介——论人的延伸［M］．何道宽译．江苏：译林出版社，2013.

［62］［澳］罗伯特·哈桑．注意力分散时代：高速网络经济中的阅读、书写与政治［M］．张宁译．上海：复旦大学出版社，2020.

［63］［法］享利·列斐伏尔．空间与政治［M］．李春译．上海：上海人民出版社，2008.

［64］［法］塞奇·莫斯科维奇．群氓的时代［M］．许列民等译．南京：江苏人民出版社，2003.

［65］［法］埃德加·莫兰．复杂性理论与教育问题［M］．北京：北京大学出版社，2004.

［66］［法］托克维尔．论美国的民主（下）［M］．董国良译．北京：商务印书馆，1988.

［67］［美］托马斯·里克纳．美式课堂：品质教育学校方略［M］．海口：海南出版社，2001.

[68] [德] 尤尔根·哈贝马斯. 作为“意识形态”的技术与科学 [M]. 李黎，郭官义译. 上海：学林出版社，1999.

[69] [美] 迈克尔·休斯，卡罗琳·克雷勒. 社会学和我们 [J]. 上海：社会科学院出版社，2008.

[70] [英] 约翰·B. 汤姆森. 意识形态与现代文化 [M]. 高铦等译. 南京：译林出版社，2013.

[71] [德] 曼纽尔·卡斯特. 认同的力量 [M]. 夏九铸等译. 北京：社会科学文献出版社，2003.

[72] [美] 尼尔·波兹曼. 娱乐至死 [M]. 章艳译. 桂林：广西师范大学出版社，2004.

[73] [法] 雷吉斯·德布雷. 普通媒介学教程 [M]. 陈卫星，王杨译. 北京：清华大学出版社，2014.

[74] [丹麦] 施蒂格·夏瓦. 文化与社会的媒介化 [M]. 刘君，李鑫，漆俊邑译. 上海：复旦大学出版社，2018.

[75] [法] 亨利·列斐伏尔. 日常生活批判（第3卷）[M]. 叶齐茂等译. 北京：社会科学文献出版社，2018.

[76] [法] 亚当·斯密. 道德情操论 [M]. 蒋自强等译. 北京：商务印书馆，1998：5.

[77] [英] 吉登斯·安东尼. 现代性与自我认同 [M]. 北京：生活·读书·新知三联书店，1998.

[78] [法] 涂尔干·埃米尔. 社会分工论 [M]. 北京：生活·读书·新知三联书店，2000.

[79] [加拿大] 哈罗德·英尼斯. 传播的偏向 [M]. 何道宽译. 北京：中国人民大学出版社，2003.

[80] [德] 斐迪南·滕尼斯. 共同体与社会 [M]. 林荣远译. 上海：商务印书馆，1999.

[81] [美] 柯纳斯，詹姆斯. 内化 [M]. 王丽颖译. 北京：北京大学医学出版社，2007.

[82] [美] 卡斯特. 网络社会的崛起 [M]. 夏铸九译. 北京：社会科学文献出版社，2001.

[83] [美] 迈克尔·休斯，卡罗琳·克雷勒. 社会学和我们 [M]. 上海：社会科学院出版社，2008.

[84] [美] 尼尔·波兹曼. 娱乐至死 [M]. 章艳译. 北京：中信出版社，2015.

［85］［英］怀特海．过程与实在——宇宙论研究［M］．李步楼译．北京：商务印书馆，2011.

［86］［美］尼古拉·尼葛洛庞帝．数字化生存［M］．胡泳，范海燕译．海口：海南出版社，1997.

［87］［美］戴维·斯沃茨．文化与权力：布尔迪厄的社会学［M］．陶东风译．上海：上海译文出版社，2006.

［88］［美］赫伯特·马尔库塞．单向度的人［M］．刘继译．上海：上海译文出版社，1989.

［89］［美］凯斯·桑斯坦．信息乌托邦：众人如何生产知识［M］．毕竞悦译．北京：法律出版社，2008.

［90］［英］安东尼·吉登斯．现代性的后果［M］．田禾译．南京：译林出版社，2000.

［91］［美］福山．大分裂，人类社会本性与社会秩序的重建［M］．刘榜离等译．北京：中国社会科学出版社，2000.

［92］［德］罗伯特·米歇尔斯．寡头统治铁律——现代民主制度中的政党社会学［M］．任军锋等译．天津：天津人民出版社，2003.

［93］［美］迈克·海姆．从界面到网络空间——虚拟实在的形而上学［M］．金吾伦，刘钢译．上海：上海科技教育出版社，2000.

［94］［德］叔本华．作为意志和表象的世界［M］．石冲白译．北京：商务印书馆，2018.

［95］［德］尤根·哈贝马斯．交往行为理论：第一卷［M］．曹卫东译．上海：上海人民出版社，2018.

［96］［美］威廉·麦独孤．社会心理学导论［M］．俞国良等译．杭州：浙江教育出版社，1997.

［97］［法］丹尼尔·戴扬，伊莱休·卡茨．媒介事件［M］．麻争旗译．北京：北京广播学院出版社，2000.

［98］［美］兰德尔·柯林斯．互动仪式链［M］．林聚任等译．北京：商务印书馆，2012.

［99］［美］约书亚·梅罗维茨．消失的地域：电子媒介对社会行为的影响［M］．肖志军译．北京：清华大学出版社，2002.

［100］［法］南希·K. 拜厄姆．交往在云端：数字时代的人际关系［M］. 董晨宇，唐悦哲译．北京：中国人民大学出版社，2020.

[101] Anne Colby, Thomas Ehrlich, Elizabeth Beaumont, Jason Stephens. Educating Citizens: preparing America's under-graduates for lives of moral and civic responsibility [M]. Danvers: Jossey-Bass, 2003.

附　录

亲爱的同学：

您好！我们是教育部科研项目“公众短视频的情感触发机制及其对大学生主流价值观认同的影响研究”课题组。该项问卷调查活动，旨在了解公众短视频影响大学生社会主义核心价值观的具体情况，为进一步提升大学生社会主义核心价值观认同提供现实参考。您的回答对我们至关重要，本问卷不用填写姓名，答案不分对错，请您根据自己的情况如实填写，我们将对调查内容严格保密。

谢谢您的支持与配合！

课题组

2021 年 12 月

填写说明：请您在符合的选项旁边的空白方框或数字上打钩“✓”。

一、个人基本信息

1. 您的性别？

A. 男（　）

B. 女（　）

2. 您的学历？

A. 专科（　）

B. 本科（　）

C. 硕士研究生（　）

D. 博士研究生（　）

3. 您的政治面貌是？
A. 中共党员（　）
B. 共青团员（　）
C. 群众（　）
4. 您所从事的学科门类？
A. 哲学（　）
B. 经济学（　）
C. 法学（　）
D. 教育学（　）
E. 文学（　）
F. 历史学（　）
G. 理学（　）
H. 工学（　）
I. 农学（　）
J. 医学（　）
K. 管理学（　）
L. 马克思主义与思想政治教育（　）
5. 您的年级是？
A. 一年级（　）
B. 二年级（　）
C. 三年级（　）
D. 四年级（　）
6. 您是学生干部吗？
A. 是（　）
B. 否（　）
7. 您的学业成绩排名是？
A. 前 20%（　）
B. 20%-40%（　）
C. 40%-60%（　）
D. 60%-80%（　）
E. 80%-100%（　）
8. 您是否独生子女？
A. 是（　）
B. 否（　）

9. 您是否有社会兼职工作经历？

A. 是（ ）

B. 否（ ）

10. 您的家庭所在地是？

A. 大中城市（ ）

B. 县城（ ）

C. 乡镇（ ）

D. 村庄（ ）

11. 您的月消费水平为？

A. 1000 元以下（ ）

B. 1000-2000 元（ ）

C. 2000-3000 元（ ）

D. 3000-4000 元（ ）

E. 4000-5000 元（ ）

F. 5000 元以上（ ）

12. 您使用社交软件的时长是？

A. 1 小时以下（ ）

B. 1-2 小时（ ）

C. 2-3 小时（ ）

D. 3-4 小时（ ）

E. 4-5 小时（ ）

F. 5 小时以上（ ）

13. 您所在学校是？

A. 双一流高校（ ）

B. 普通本科高校（ ）

C. 民办本科院校（ ）

D. 高职院校（ ）

14. 您参加学校社团活动的频率：

A. 经常（ ）

B. 一般（ ）

C. 偶尔（ ）

D. 从不（ ）

15. 您是否有明确的人生目标？

A. 是（ ）

B. 否（ ）

16. 您是否有积极的生活态度？

A. 是（ ）

B. 否（ ）

17. 您对自己现在的生活：

A. 非常满意（ ）

B. 满意（ ）

C. 一般（ ）

D. 不满意（ ）

E. 非常不满意

二、短视频与社会主义核心价值观研究

1. 您平均每天用于看短视频的时间？

A. 1 小时以下

B. 1-3 小时

C. 3-4 小时

D. 4-6 小时

E. 6 小时以上

F. 从不看短视频

2. 用您印象最深刻的一个词语来形容短视频：

A. 匿名

B. 娱乐

C. 有趣

D. 无聊

E. 其他（请注明）

3. 您常用的短视频平台是？（可多选）

A. 抖音

B. 快手

C. 哔哩哔哩

D. 微视

E. 小红书

F. 其他（请注明）

4. 您观看短视频的主要目的是？（可多选）

A. 获取信息

B. 购物
C. 增加知识
D. 社交
E. 娱乐
F. 其他（请注明）
5. 您最感兴趣的短视频类型是？（可多选）
A. 娱乐类
B. 购物类
C. 教育类
D. 新闻类
E. 化妆、搭配类
F. 其他（请注明）
6. 您认为短视频给您的生活带来了：
A. 便利
B. 混乱
C. 快乐
D. 其他（请注明）
7. 您经常点赞、评论、转发、分享哪些短视频？（可多选）
A. 传播正能量的
B. 搞笑的
C. 提供生活技巧的
D. 资讯类的
E. 体育类的
F. 其他（请注明）
8. 您关注的博主有哪些？
A. 熟人
B. 美食
C. 主流媒体
D. 娱乐
E. 知识类
F. 其他（请注明）
9. 您会看自己兴趣外的短视频吗？
A. 会
B. 不会

10. 您观看短视频的来源：(可多选)
A. 短视频平台推荐
B. 朋友分享
C. 社交媒体推荐
D. 自己搜索
E. 其他（请注明）
11. 是否拍过短视频？
A. 是
B. 否
12. 拍摄短视频的种类？
A. 日常生活分享
B. 跟拍热款视频
C. 其他（请注明）
13. 拍摄短视频的目的？
A. 展现自我
B. 模仿
C. 想成为网红
D. 排遣寂寞
E. 其他（请注明）
14. 拍摄短视频的频率？
A. 偶尔
B. 经常
15. 是否看到过传播社会主义核心价值观的短视频？
A. 是
B. 否
16. 看到的社会主义核心价值观短视频来源？
A. 主流媒体传播
B. 个人传播
17. 刷到社会主义核心价值观短视频的频率？
A. 很少
B. 偶尔
C. 经常
18. 您印象深刻的关于社会主义核心价值观的短视频类型是？
A. 以情动人型

B. 以理服人型

C. 个人经历口述型

19. 您会模仿短视频中传播的社会主义核心价值观行为吗？

A. 会

B. 不会

20. 您认为社会主义核心价值观类短视频可引起您哪些方面的变化？

A. 认知

B. 情感

C. 意志

D. 实践

21. 您关注的主流媒体短视频平台有哪些？

请描述：

22. 您认为短视频对社会主义核心价值传播的影响是？

A. 积极

B. 消极

C. 说不清

23. 短视频在哪些方面是有利于社会主义核心价值观传播的？

A. 融入生活场景

B. 形式新颖

C. 互动性强

D. 其他（请注明）

24. 短视频在哪些方面不利于社会主义核心价值观传播？

A. 娱乐化

B. 碎片化

C. 多元化

D. 其他（请注明）

25. 短视频空间让您经常感知到社会思潮有哪些？

A. 西方价值观

B. 历史虚无主义

C. 享乐主义

D. 新自由主义

E. 其他（请注明）

26. 社会思潮会不会影响社会主义核心价值观的认同？

A. 会

B. 不会

27. 您觉得短视频内容是否对您的价值观产生了影响？

A. 非常大的影响

B. 比较大的影响

C. 一点点影响

28. 您对社会主义核心价值观的态度是？

A. 仅知道名称

B. 能完整表述

C. 内化为情感

D. 自觉践行

29. 您是否认同“富强、民主、文明、和谐”的中国能早日实现？

A. 非常认同

B. 认同

C. 中立

D. 不认同

E. 非常不认同

30. 您最认同“富强、民主、文明、和谐的国家层面价值目标”中的哪一方面？

A. 富强

B. 民主

C. 文明

D. 和谐

E. 说不清

31. 您是否认同中国特色社会主义事业能使我们的社会变得自由、平等、公正、法治？

A. 非常认同

B. 认同

C. 中立

D. 不认同

E. 非常不认同

32. 您是否认同各级人大代表能够代表广大人民群众的根本利益？

A. 非常认同

B. 认同

C. 中立

D. 不认同

E. 非常不认同

33. 您是否认同中国共产党的领导是我国实现共同富裕的根本保证?

A. 非常认同

B. 认同

C. 中立

D. 不认同

E. 非常不认同

34. 您是否认同“自由、平等、公正、法治的社会层面的价值取向”?

A. 非常认同

B. 认同

C. 中立

D. 不认同

E. 非常不认同

35. 您最认同“自由、平等、公正、法治的社会层面价值取向”中的哪一方面?

A. 自由

B. 平等

C. 公正

D. 法治

E. 说不清

36. 您是否认同“爱国、敬业、诚信、友善的公民个人层面的价值准则”?

A. 非常认同

B. 认同

C. 中立

D. 不认同

E. 非常不认同

37. 您最认同“爱国、敬业、诚信、友善的公民个人层面价值准则”中的哪一方面?

A. 爱国

B. 敬业

C. 诚信

D. 友善

E. 说不清

38. 您认为短视频传播的社会主义核心价值观哪个层面的内容多？

A. 国家层面

B. 社会层面

C. 个人层面

D. 一样多

39. 我是有理想有明确人生发展目标的新时代大学生

A. 非常认同

B. 认同

C. 中立

D. 不认同

E. 非常不认同

40. 新时代大学生应自觉树立与践行社会主义核心价值观

A. 非常认同

B. 认同

C. 中立

D. 不认同

E. 非常不认同

41. 我为我的国家感到自豪，为自己是中国人而自豪

A. 非常认同

B. 认同

C. 中立

D. 不认同

E. 非常不认同

42. 我认为国家利益高于集体利益与个人利益

A. 非常认同

B. 认同

C. 中立

D. 不认同

E. 非常不认同

43. 我不会成为精致的利己主义者（屈从利己本能，过度追求外部奖励与物质利益，甚至把利己行为包装为美德，引发道德风险）

A. 非常认同

B. 认同

C. 中立

D. 不认同

E. 非常不认同

44. 我认为，劳动是财富的源泉，也是幸福的源泉

A. 非常认同

B. 认同

C. 中立

D. 不认同

E. 非常不认同

45. 我认为全球化时代，爱国主义已经过时了

A. 非常认同

B. 认同

C. 中立

D. 不认同

E. 非常不认同

46. 中国传统优秀文化是社会主义核心价值观的重要来源，我们应努力继承并传播中国传统优秀文化

A. 非常认同

B. 认同

C. 中立

D. 不认同

E. 非常不认同

47. 我对党的十八大以来中国政府的工作感到满意

A. 非常认同

B. 认同

C. 中立

D. 不认同

E. 非常不认同

48. 努力践行社会主义核心价值观是您所愿

A. 非常认同

B. 认同

C. 中立

D. 不认同

E. 非常不认同

49. 您认为马克思主义在您的生活、学习和工作中的作用是？
A. 科学的世界观和方法论
B. 理想信念支撑
C. 应付考试
D. 说不清
50. 您对实现中国特色社会主义共同理想（社会主义现代化强国）？
A. 充满信心
B. 较有信心
C. 没有信心
D. 说不清
51. 您认为爱国主义在短视频中的体现程度？
A. 很好
B. 较好
C. 一般
D. 不太好
E. 很差
52. 您认为民族精神中需要加强的方面是？（可多选）
A. 爱国主义
B. 团结统一
C. 爱好和平
D. 勤劳勇敢
E. 自强不息
F. 说不清
53. 您认为社会主义核心价值体系与社会主义核心价值观关系是（　）
A. 两者有区别
B. 两者无区别
C. 说不清
54. 您同意“只有中国特色社会主义道路才能发展中国、振兴中华”吗？
A. 赞同
B. 基本赞同
C. 不赞同
D. 说不清

55. 您赞同国家的发展、民族振兴和个人的幸福紧密联系的观点吗？
A. 赞同
B. 基本赞同
C. 不赞同
D. 说不清
56. 您如何处理个人利益与国家利益的冲突？
A. 个人优先
B. 国家优先
C. 尽量兼顾
D. 说不清
57. 您认为短视频对于促进社会公平正义的作用是：
A. 积极作用
B. 消极作用
C. 说不清
58. 您认为促进社会主义核心价值观认同的因素有（可多选）
A. 主流媒体短视频
B. 学校教育
C. 家庭教育
D. 社会舆论环境
F. 其他（请注明）
59. 您认为对您价值观形成影响最大的是（可多选）
A. 父母
B. 老师
C. 朋友
D. 同学
E. 网络媒体
F. 社会现实
60. 您认为网络媒体中哪些媒体对您价值观形成较大（可多选）
A. 短视频
B. 社交媒体
C. 学校平台
D. 其他（请注明）

61. 您认为短视频在传播社会主义核心价值观过程存在哪些问题?

A. 视频来源单一，数量不足，质量不高

B. 内容感性化倾向明显，理性思考不足

C. 形式娱乐化，实质内容被弱化

D. 多元思潮冲击社会主义核心价值观

62. 您对短视频改进社会主义核心价值观传播的建议。

请描述：